CONSPIRACIÓN WATCHTOWER

I0440977

EL CAMINO QUE CONDUCE AL INFIERNO

DINO ALREICH

Título original: Conspiración Watchtower

Sobre el autor

Dino Alreich ha publicado anteriormente las novelas: *"El resurgir de la esvástica"* (Ed. Nowevolution 2010 / Forsa Editores 2011), *"Nazis: Más allá del 2012"* (Ed. Corona Borealis 2011), *"Mayas: el ciclo desconocido"* (Ed. Corona Borealis 2012), *"Por amor al llamado"* (2013), y *"El ángel, la luna y la paloma"* (2013); donde sigue la misma temática sobre conciencia en los problemas del mundo actual. También ha publicado los siguientes ensayos: *"Lluvia de amor para el alma sedienta"*, *"Después de deshecha mi piel: Lágrimas de una guerra espiritual"* y *"Edificando mi casa sobre la roca"* (2013).

Prólogo

Querido Amigo y lector:

El libro que está a punto de leer presenta un estudio sincero sobre la secta denominada "Testigos de Jehová" (*Watchtower*). He tratado de hacer de este libro uno sencillo de leer, manejable y fácil de comprender. Vamos a estudiar todas las doctrinas que distinguen a este grupo religioso y lo analizaremos conforme a lo escrito en la Sagrada Biblia. El propósito del libro surge como necesidad de respuestas a aquellos que tocan de puerta en puerta creyendo llevar el evangelio de Dios a todos los demás, sin embargo, sus doctrinas no concuerdan con la verdad bíblica. Si usted es una persona que desea sinceramente encontrar la verdad, aunque en su búsqueda implique el desprenderse de ideas o doctrinas que le han enseñado por años y que no concuerdan con la Biblia, este libro puede servirle de ayuda. Sin embargo, sabemos que la secta hará lo que esté a su alcance para retener en sus ideas y doctrinas y harán presión para que sus feligreses no escuchen, analicen, sopesen, ni escudriñen todo aquel estudio serio que busque deshilvanar e ir a fondo sobre las enseñanzas presentadas en su cosmovisión. Este es la clase de libro que dicha secta no permitirá leer a sus feligreses. La verdadera religión no es un programa ni un lavado cerebral. Tampoco es un grupo de doctrinas impuestas bajo presión psicológica. La verdadera religión pasa la prueba del escudriñar y el análisis profundo no solamente sus doctrinas, sino también los puntos de vista que se presentan como antagónicos. La verdadera religión tampoco se trata de un grupo de personas siguiendo las ideas de un líder y a quienes se les prohíbe prestar atención a la refutación. En este libro escudriñaremos a fondo para saber si realmente la secta "Testigos de Jehová" predica el mensaje de la Biblia o es otro de los muchos falsos evangelios torcidos. Las citas bíblicas que presentaremos a lo largo de todo este estudio pertenecen a la Sagrada Biblia versión Reina Valera 1960. El propósito de este libro no es criticar, ni atacar una secta sino buscar una manera sincera de ayudarles. Espero que este libro pueda arrojar luz en el camino de aquel que busca la verdad.

Dedicatoria

Dedico este libro a todo aquel que busca sinceramente la verdad. También dedico este libro a todos aquellos Testigos de Jehová que van de puerta en puerta creyendo hacer la voluntad de Dios. Y dedico este libro a la iglesia de Jesucristo para que se prepare y tenga respuestas verdaderas para preguntas genuinas.

Agradecimientos

Agradezco primero a Dios por su sabiduría y por su revelación. También a aquellos pastores que predican la Palabra de Dios como está en las Escrituras sin adulterar ni añadirle al evangelio. A todos, ¡Gracias y bendiciones!

Índice

El propósito de este libro

Contrario a lo que muchos puedan pensar, este libro no tiene el propósito de atacar una secta. Este libro busca investigar y escudriñar de forma sincera las bases en las cuales algunos pretenden sostener un cuerpo de doctrinas. Creemos que la investigación abierta es el mejor recurso para descubrir por nosotros mismos si lo que se enseña en la sociedad son bases fuertes o débiles. Ningún grupo o secta que se somete abiertamente a la investigación pública debe sentir temor a que se deshilvane una por una sus "doctrinas", enseñanzas e historia ante el ojo de todos. Por el contrario, un grupo sostenido sobre bases firmes y sobre la verdad lo que debe sentir es orgullo de poder sostener con firmeza sus creencias. La meta de este libro es encontrar la verdad y nuestro propósito es sincero, el de ayudar a todos aquellos que buscan encontrar a Dios. Nos aferramos a este texto bíblico de Filipenses capítulo 2 y versos 3-4:

"Nada hagáis por contienda o por vanagloria; antes bien con humildad, estimando cada uno a los demás como superiores a él mismo; no mirando cada uno por lo suyo propio, sino cada cual también por lo de los otros". (Biblia RV 1960)

¿Cómo deben ser tratados los *Testigos de Jehová*? Los Testigos de Jehová deben ser tratados con respeto. De la misma manera que a usted le gustaría que alguien lo tratara. Personalmente si fuera yo la persona que ando en una secta y alguien tiene información verificable que me pudiera alumbrar el camino, me gustaría que esa persona fuera amable y considerada conmigo. De la misma manera, debemos serlo con aquellos que pretenden "discipular" en doctrinas diversas. Debemos estar firmes en la Palabra de Dios según se nos ordena en Efesios 6 y verso 14:

"Estad, pues, firmes, ceñidos vuestros lomos con la verdad, y vestidos con la coraza de justicia..."

Con esta firmeza dada por Dios debemos ser mansos y amables con aquellos que siguen corrientes diversas según se nos ordena en II Timoteo Capítulo 2 y versos 24-26:

"Porque el siervo del Señor no debe ser contencioso, sino amable para con todos, apto para enseñar, sufrido; que con mansedumbre corrija a los que se oponen, por si quizá Dios les conceda que se arrepientan para conocer la verdad, y escapen del lazo del diablo, en que están cautivos a voluntad de él".

La meta no es ganar una discusión sino que las personas puedan salvarse y no ser presa del enemigo engañador.

La importancia de la doctrina cristiana

¿Por qué escribir un libro como este en el cual analizamos las doctrinas de las sectas? Parte de la verdad bíblica lo es la existencia de la figura de Satán y sus demonios, estos componen toda una jerarquía maligna que se opone a Dios y conspira en todo momento para alejar a los hombres de la obediencia a Dios y su Palabra. Conociendo esto, sabemos que en la sociedad existen muchas falsas sectas y falsos profetas que responden a una influencia maligna que se aleja del sano evangelio. Es por esta razón que este libro es necesario, para ayudarnos a medir por la Palabra toda secta o doctrina que exista en la sociedad. Si existe una congregación y guarda la sana doctrina, esta debe concordar con la totalidad de los mandamientos de Dios y debe ser muy estimada, sin embargo, si existen sectas que se oponen a las sanas palabras de Jesucristo, estas deben ser identificadas y estudiadas de tal forma que podamos advertir de los peligros que existen cuando se tuerce el mensaje cristiano. Dice la Biblia:

"Mi pueblo fue destruido, porque le faltó conocimiento. Por cuanto desechaste el conocimiento, yo te echaré del sacerdocio; y porque olvidaste la ley de tu Dios, también yo me olvidaré de tus hijos." (Oseas 4:6)

Un hermano me escribió hace poco para hablarme

sobre lo que él pensaba era predicar a Cristo. Su mensaje en resumidas cuentas era a manera de regaño hacia mí, ya que según él, yo no predico a Cristo sino que me desenfoco hablando de otros temas de diversas doctrinas. Según el hermano, me aconsejaba a que no mencionara a otras sectas ni doctrinas y que solo predicara a Cristo guardando total silencio referente a la diversidad de sectas que existen. Mi contestación fue que la predicación de Cristo incluye también el guardar la sana doctrina y exponer las falsas sectas que niegan y contradicen la fe salvadora.

El hermano me preguntó: "¿Quién salva? ¿Cristo o la doctrina?". Yo le contesté: "Salva Cristo cuando se sigue la sana doctrina." Una doctrina errada conduce a apartar a la gente de Cristo. Nadie que diga seguir a Cristo puede encaminarse en una falsa doctrina porque terminará alejándose de la voluntad de Dios para su vida.

¿Cuán importante es la sana doctrina?

Veamos lo que dice la Biblia al respecto:

"Cualquiera que se extravía, y no persevera en la doctrina de Cristo, no tiene a Dios; el que persevera en la doctrina de Cristo, ése sí tiene al Padre y al Hijo". (II Juan 1:9)

¿Qué se nos está diciendo aquí? Se nos dice que

tener a Cristo es perseverar en su doctrina. La doctrina de Cristo la componen todas las verdades, mandamientos, prácticas, enseñanzas y guardar la Palabra como Dios lo ordenó. Si alguno afirma seguir a Cristo pero se aparta de esas buenas prácticas, se nos advierte que es desligarse de Cristo mismo. El mundo tiene diversidad de sectas y religiones. Muchas afirman seguir a Cristo pero niegan la sana doctrina. ¿Puede una secta que diga ser cristiana estar alejada de la sana doctrina dada por Cristo? La Biblia nos advierte de aquellos que tuercen las Escrituras y ese torcer de las Escrituras conduce a la perdición. Dice:

"casi en todas sus epístolas, hablando en ellas de estas cosas; entre las cuales hay algunas difíciles de entender, las cuales los indoctos e inconstantes tuercen, como también las otras Escrituras, para su propia perdición". (II Pedro 3:16)

Dios dice en su palabra muy claramente que una torcedura en el significado de las epístolas sagradas pueden conducir a la gente a la perdición. La sociedad está llena de sectas cuyas doctrinas están torcidas y tergiversadas proponiendo evangelios falsos. Nuestro deber como cristianos es levantar la Palabra de Dios para que alumbre el camino y muestre la verdad sobre la mentira. Nuestra pregunta es, ¿Cómo puede un cristiano enojarse porque se exponga la verdad versus la mentira? ¿Cómo puede alguien sentirse ofendido porque se brinde luz en medio de tinieblas? O es que existen "cristianos", que en realidad están presentes, pero en su interior están muy lejos de Dios. El deseo de Dios y de los santos es la defensa de la Palabra de Dios. Dice:

"Amados, por la gran solicitud que tenía de escribiros acerca de nuestra común salvación, me ha sido necesario escribiros exhortándoos que contendáis ardientemente por la fe que ha sido una vez dada a los santos". (Judas 1:3)

El mandamiento de Dios es a enfrentar a esos vientos de oposición extraños y levantar la verdad de su Palabra. Ninguno que diga seguir a Cristo puede encontrarse a gusto entre aquellos que poseen una doctrina tergiversada:

"Mas os ruego, hermanos, que os fijéis en los que causan divisiones y tropiezos en contra de la doctrina que vosotros habéis aprendido, y que os apartéis de ellos". (Romanos 16:17)

La ruta correcta de la fe, está expresada en la Palabra de Jesucristo dada a los apóstoles. Todo aquello que no corresponda con ella debe ser rechazado, por eso nos dice:

"Y perseveraban en la doctrina de los apóstoles,

en la comunión unos con otros, en el partimiento del pan y en las oraciones". (Hechos 2:42)

El enemigo conoce el valor que tiene la doctrina de Cristo, por eso buscará usurpar su lugar para colocar y dar como validas diferentes doctrinas erradas. El apóstol señaló la importancia de permanecer en la verdadera doctrina:

"para que ya no seamos niños fluctuantes, llevados por doquiera de todo viento de doctrina, por estratagema de hombres que para engañar emplean con astucia las artimañas del error" (Efesios 4:14)

El deber del cristiano es no dejarse mover de la sana doctrina que ha recibido:

"Así que, hermanos, estad firmes, y retened la doctrina que habéis aprendido, sea por palabra, o por carta nuestra". (II Tesalonicense 2:15)

Cualquiera que se aleja de la sana doctrina viene a recaer en el grupo de los pecadores dignos del infierno:

"para los fornicarios, para los sodomitas, para los secuestradores, para los mentirosos y perjuros, y para cuanto se oponga a la sana doctrina" (I Timoteo 1:10)

Las falsas doctrinas proceden de los demonios y deben ser rechazadas, expuestas e identificadas claramente. Cualquiera que se oponga a esto no tiene a Dios. Dice:

"Pero el Espíritu dice claramente que en los postreros tiempos algunos apostatarán de la fe, escuchando a espíritus engañadores y a doctrinas de demonios" (I Timoteo 4:1)

La buena doctrina corresponde a la salvación y a la verdadera iglesia que tiene herencia en los cielos:

"Si esto enseñas a los hermanos, serás buen ministro de Jesucristo, nutrido con las palabras de la fe y de la buena doctrina que has seguido". (I Timoteo 4:6)

Seguir o no, la sana doctrina es un asunto de tu propia salvación. Por eso dice:

"Ten cuidado de ti mismo y de la doctrina; persiste en ello, pues haciendo esto, te salvarás a ti mismo y a los que te oyeren". (I Timoteo 4:16)

Desligarse de la sana doctrina y pretender ser salvo es estar perdido:

"Si alguno enseña otra cosa, y no se conforma a

las sanas palabras de nuestro Señor Jesucristo, y a la doctrina que es conforme a la piedad, está envanecido, nada sabe, y delira acerca de cuestiones y contiendas de palabras..., " (I Timoteo 6:3-10)

En la Biblia se predice sobre un tiempo en el que la gente pretenderá alcanzar el cielo aun con falsas doctrinas   diversas:

"Porque vendrá tiempo cuando no sufrirán la sana doctrina, sino que teniendo comezón de oír, se amontonarán maestros conforme a sus propias concupiscencias" (II Timoteo 4:3)

Pero el mandato de Dios es que el creyente se mantenga firme en la sana doctrina aun en tiempos contrarios:

"Pero tú habla lo que está de acuerdo con la sana doctrina." (Tito 2:1)

Si te consideras cristiano, no guardes silencio frente a la maldad. Tenemos un llamado a comportarnos como defensores de la verdad y del evangelio ya que tenemos un enemigo común que tuerce todos los caminos de los hombres.

Los Hechos

Érase una vez en un redil de más de cien ovejas que estas se encontraban durmiendo en el campo sin saber que en medio de su siesta, una manada de lobos hambrientos asechaban dispuestos a darse el más grande de todos sus banquetes. Era el momento cuando el pastor había dejado las ovejas en el aprisco y se había ido a buscar a la perdida que estaba enredada entre unos espinos... (Mateo 7:15)

"¡¡Ay de los moradores de la tierra y del mar! porque el diablo ha descendido a vosotros con gran ira, sabiendo que tiene poco tiempo..."
—Apocalipsis 12:12

Capítulo 1

Nuestro deber como cristianos

Mi deber como cristiano es el mismo deber de todo aquel que pretende seguir a Jesucristo de forma sincera: Decir la verdad.

"Vino a mí palabra de Jehová, diciendo: Hijo de hombre, habla a los hijos de tu pueblo, y diles: Cuando trajere yo espada sobre la tierra, y el pueblo de la tierra tomare un hombre de su territorio y lo pusiere por atalaya, y él viere venir la espada sobre la tierra, y tocare trompeta y avisare al pueblo, cualquiera que oyere el sonido de la trompeta y no se apercibiere, y viniendo la espada lo hiriere, su sangre será sobre su cabeza. El sonido de la trompeta oyó, y no se apercibió; su sangre será

sobre él; mas el que se apercibiere librará su vida. Pero si el atalaya viere venir la espada y no tocare la trompeta, y el pueblo no se apercibiere, y viniendo la espada, hiriere de él a alguno, éste fue tomado por causa de su pecado, pero demandaré su sangre de mano del atalaya. A ti, pues, hijo de hombre, te he puesto por atalaya a la casa de Israel, y oirás la palabra de mi boca, y los amonestarás de mi parte. Cuando yo dijere al impío: Impío, de cierto morirás; si tú no hablares para que se guarde el impío de su camino, el impío morirá por su pecado, pero su sangre yo la demandaré de tu mano. Y si tú avisares al impío de su camino para que se aparte de él, y él no se apartare de su camino, él morirá por su pecado, pero tú libraste tu vida". (Ezequiel 33:1-9)

Hoy más que nunca es el momento en la historia cuando la espada está siendo lanzada sobre la ciudad para herirla. Vivimos en el tiempo cuando Satanás en toda su furia se ha lanzado contra la familia, la iglesia, y contra el cristianismo sabiendo que tiene poco tiempo para actuar.

Nuestro deber como cristianos es ser luz en medio de tinieblas. No esconder la luz que Dios ha puesto en nosotros, ya que el mundo vive en oscuridad y depende de una mano amiga que les sirva de bien y no de tropiezo.

Capítulo 2

A.L.E.R.T.A.

Advierte que surgirán vientos de doctrinas. (Efesios 4:14, Hebreos 3:9)

La sana doctrina es para convencer aún a los contradictores. (Tito 1:9)

Estar firmes en lo que aprendimos. (II Timoteo 3:14)

Rechazar toda doctrina que no es de Dios. (II Juan 9)

Tiempos finales donde surgirían falsos cristos y falsos profetas que vienen a engañar. (Mateo 24:24)

Asegura que vendrá la apostasía de la fe. (I Timoteo 4:1-2; II Tesalonicenses 2:3)

*"Porque vendrá tiempo cuando no sufrirán
la sana doctrina, sino que teniendo
comezón de oír, se amontonarán maestros
conforme a sus propias concupiscencias..."*
—II Timoteo 4:3

Capítulo 3

El valor de la religión

El propósito verdadero de la religión es que el hombre pueda reencontrarse con su Creador. Siendo que existe la realidad de la caída del hombre de su estado original a un estado degradado, es necesario que el hombre regrese a la comunión con su Creador. De allí surge el verbo latino *"religare"*, que nos dice *"volver a ligar"*, *"volver a mezclar"*. Esto significa que tenemos que retornar al lugar de donde caímos. La religión adquiere valor cuando el hombre va por el camino correcto en su búsqueda de Dios. Sin embargo, ir por el camino incorrecto en la búsqueda de Dios da como resultado una secta.

De forma innata el hombre sabe que tiene que buscar a Dios. Esto lo vemos en las civilizaciones más primitivas que tienen la necesidad de invocar a sus dioses. Todos saben que tienen que adorar a un ser supremo, pero no todos aciertan en el blanco. Dentro del cristianismo hemos aprendido que el blanco perfecto para depositar nuestra fe es Dios a quien hemos venido a conocer por medio del Hijo, quien se hizo carne. Fue por medio de Jesucristo que conocimos la verdadera religión. Sin embargo, el hombre incurrió en tradiciones desligándose de Cristo y abrazando prácticas y ritos extraños que Cristo no enseñó. Es por esto, que hoy día tenemos diferentes sectas en la sociedad. Comenzando por el mismo catolicismo, la secta mayor que existe sobre la tierra. Desligada de Cristo y adoptando diversidad de prácticas antibíblicas y anticristianas. De la misma forma tenemos otros derivados de tradiciones humanas como lo son el hinduismo, el confucionismo, el mahometanismo, y todo aquel cuerpo de creencias que se aleja del blanco perfecto que es Jesucristo. Todo aquello que no concuerda con el evangelio de Jesucristo es una secta y división de una verdad principal. El hombre no llega a Dios por medio de sectas, el hombre llega a Dios por medio de un religar a través de Cristo hacia el Padre. El mismo judaísmo al confiar en la ley y apartarse de Cristo resulta de inutilidad para alcanzar la salvación. La verdadera religión es conocer a Dios:

"Y esta es la vida eterna: que te conozcan a ti, el único Dios verdadero, y a Jesucristo, a quien has enviado". (Juan 17:3)

Ese conocer a Dios provoca que el hombre se compadezca del prójimo y busque ayudarle:

"La religión pura y sin mácula delante de Dios el Padre es esta: Visitar a los huérfanos y a las viudas en sus tribulaciones, y guardarse sin mancha del mundo". (Santiago 1:27)

Cuando el hombre recibe nueva vida por medio de la redención de Cristo, el Dios trino viene a morar en su interior. De esta forma el hombre produce buenas obras de acuerdo a lo que tiene en su interior, Dios morando dentro de cada uno de nosotros. El hombre no viene a ser Dios, pero Dios viene a morar dentro. Esto contrasta con las doctrinas orientales que endiosan y deifican a hombre. Solo existe un Dios supremo, el Dios trino. De él depende nuestra salvación.

"Jesús le dijo: Yo soy el camino, y la verdad, y la vida; nadie viene al Padre, sino por mí".
—Juan 14:6

Capítulo 4

La verdadera religión

¿Hay muchos caminos al cielo? ¿Todas las religiones hablan de lo mismo? Mucha gente tiende a juzgar de "fanáticos" a aquellos que predican la exclusividad de salvación del evangelio de Jesucristo. Jesucristo dijo: *"Yo soy el camino, la verdad y la vida; nadie viene al Padre sino por mí".*(Juan 14:6) Estas palabras parecen ser ignoradas por aquellos que predican que todos los caminos religiosos conducen al hombre a Dios. Ellos dicen: "todas las religiones son buenas", sin importar si es budismo, confucionismo, catolicismo, o cualquier otra. Predican una clase de sincretismo religioso donde Dios se tiene que moldear a las ideas o percepciones de la gente en vez de ellos moldearse a la Palabra y los mandamientos de Dios. Muchos dicen, *"no es un evangelio de amor aquel que predica que solo Jesucristo salva, ya que uno esta rechazando las ideas de otros para imponer las de uno"*, *"practicar amor es permitir que todos crean lo que quieran..."* Esa clase de amor que predica la gente es hipocresía en su máxima expresión. Primero, porque los que hemos conocido a Jesucristo tal cual es, sabemos que no hay varios caminos al cielo sino solo uno, Jesucristo. Segundo, porque tenemos tal conocimiento de Dios y su Palabra es que insistimos en amor a la gente para que se arrepienta, se torne a Dios y no perezcan en el infierno. Hoy día, existe el único camino a Dios donde los religiosos de todas las naciones sea quien sea, pueden arrepentirse de sus maldades y tornarse a obedecer a Dios. Dios no hace acepción de personas. Por lo tanto, un judío, un confucionista, un budista o de cualquier otra religión, pueden arrepentirse y comenzar a guardar la palabra de Dios. En vez de querer imponer sus religiones, lo que deben hacer es salir del mundo y sus filosofías vanas y entregarse a la obediencia a Jesucristo. Existe un solo camino abierto. Jesucristo quien vino por medio de los judíos es el camino a la salvación. Los que seguimos a Jesucristo somos llamados cristianos porque seguimos al único que afirmó ser el camino, la verdad y la vida. Mientras que el mundo tiene filosofías, religiones e ideas; todas se basan en figuras de hombres cuyos cuerpos están en la tumba. Solo el cristianismo ofrece garantía de vida eterna con la tumba vacía de su fundador. El Jesucristo histórico sigue invitando al arrepentimiento.

*"Pero el Espíritu dice claramente
que en los postreros tiempos
algunos apostatará de la fe,
escuchando a espíritu
engañadores y a doctrinas de
demonios... ".*

—I Timoteo 4:1

Capítulo 5

Las sectas en general

Una secta es una división de una verdad principal siendo enfocada en la interpretación de un hombre, donde la interpretación suplanta la verdad. Partiendo del cristianismo como verdad de Dios para la humanidad surgen muchas orientaciones enfocados en diversidad de doctrinas de líderes que se desvían del blanco de fe y de las Sagradas Escrituras. Las Sagradas Escrituras vienen a ser suplantadas por las versiones diferentes y el líder religioso reclama el título mesiánico de voz de Dios. Claro está, suplantando y usurpando la voz verdadera de Dios para imponer la de ellos. Dave Bresse nos dice sobre las sectas:

"Una secta es una perversión religiosa. Es una creencia y práctica en el mundo de la religión que exige devoción a un concepto o líder (o grupo) religioso centrado en una doctrina falsa. Es una herejía organizada". ("Conozca las marcas de las sectas" por Dave Bresse)

Por otro lado, Walter Martín en su libro *"El Reino de los cultos"* nos define la secta como:

"Una secta quizás se define también como un grupo de personas congregada alrededor de una persona especifica o de la interpretación de la Biblia de una persona (o grupo) especifico". (Martín, Walter. *The Kingdom of the Cults (Minneapolis*: Bethany House Publishers, 1985 rev.)

La secta se da cuando esa interpretación privada y tergiversada, suplanta la verdad y el líder ocupa el lugar de la voz de Dios logrando someter a sus víctimas por medio de palabra, literatura, presión y manipulación psicológica y una compleja organización colmada de herejías y falsedades.

Las sectas pueden ser muy dañinas cuando se salen de los parámetros de la Palabra de Dios para seguir mandamientos de hombres.

Algunos han identificado las características que tienen las sectas, estas son:

- Control de la conducta.

- Control de la información

La secta demandará que sus víctimas no lean nada que investigue las doctrinas de manera externa. Esto como modo de control y sometimiento. Lo que en realidad hacen es poner vendas en los ojos.

- Control de las ideas.

- Control de las emociones.

- Control de la atmósfera social y de la comunicación humana. Impedir que el individuo reflexione o escudriñe la verdad por si mismo.

- Manipulación mística. Se crean premeditadamente atmósferas "espirituales" planeadas para producir un efecto. La gente interpreta este efecto como una "experiencia espiritual".

- Redefinir el lenguaje. Controlar las palabras sirve para controlar las ideas de las personas. Ideas que se presentan como verdades absolutas e infalibles. Un ejemplo: "Solos los elegidos entienden".

• La doctrina es más importante que la persona. La creencia en el dogma pasa a ser lo más importante, por encima de la conciencia individual y la integridad, en cuanto a comprobar resultados.

• La ciencia sagrada. Doctrina con el absoluto científico y moral. El dogma es incuestionable.

• El culto a la confesión. Manipulación de la confesión pública para romper los límites personales. Énfasis en la culpa humana para controlar al individuo imperfecto.

• Demandas de pureza inalcanzables. Por medio de la culpa se controla al individuo.

• La dispensación de la existencia. El grupo decide quién tiene derecho a existir y quién no. No hay ninguna alternativa legítima, sino sólo el pertenecer a esa organización en particular. En regímenes gubernamentales totalitarios, esta idea es lo que "justifica" la ejecución de disidentes políticos. (Libro de Rober J. Lifton titulado *The Future of Inmortality and Other Essays for a Nuclear Age* ("El futuro de la inmortalidad y otros ensayos para una era nuclear") Nueva York, Basic Books, 1987)

¿Qué se puede esperar de una secta?

Siendo que el tercer y cuarto capítulo ya hemos definido lo que es la verdadera religión, ahora podemos identificar lo que se puede esperar de una secta, estos es:

• Presentan a un falso cristo diferente al histórico.

• Suplantan la Palabra de Dios por otro libro. Puede ser una Biblia adulterada y diferente basada en las desviaciones del líder que la dirige.

• Reclaman ser la verdad absoluta y llaman a todo lo que no sea de su secta "apóstata".

• Se encierran en un mundo de interpretaciones privadas de su versión de la Biblia.

• Busca aislar a sus víctimas de toda fuente de información externa.

• Le hace creer a sus víctimas que son ellos los elegidos que únicamente entienden "la verdad".

• Les prohíben a sus víctimas documentarse, y leer literatura que no sea la de ellos.

• Promueven la idea que la salvación está ligada a lo que sus víctimas logren en favor de la secta. Esto es misiones, hacer proselitismo y alcanzar niveles de reconocimiento tratando de abarcar la mayor cantidad de gente a ese núcleo.

• Ante la imperfección del cuerpo doctrinal adulterado que poseen, tienden a excusarse, y tratar de corregir sus fracasos pero sin desligarse del ciclo vicioso de la incongruencia.

• Pretenden presentar una nueva verdad que nunca nadie la había notado. Una "nueva visión", un "nuevo espíritu", una "nueva unción". Todo lo que tenga que ver con abandonar las bases históricas para abrazar "lo nuevo", la herejía.

• Trata de explicar los misterios de la vida conforme a las nuevas doctrinas que han adoptado.

• Procuran que sus víctimas les sean fieles y excusen sus errores.

• Pueden tener un matiz cristiano, pero al escudriñarlos a fondo se desvían de la verdad.

• Algunas llegan a utilizar el recurso oscuro del sigilo y el secreto haciendo más difícil el estudio de sus prácticas.

• Le hace creer a sus víctimas que la versión diferente que poseen de los libros sagrados concuerda con el texto original, de esta manera las víctimas defenderán la herejía como si fuera la misma palabra de Dios y estarán dispuestos a usar la violencia si fuera necesario para defender lo que piensan es correcto.

• Hacen uso de medias verdades, ya que si todo fuera engaño o mentira no podrían avanzar mucho en la sociedad.

• La voz y la interpretación del líder vienen a usurpar la voz y la Palabra de Dios.

• Hacen uso de la manipulación mental por medio de la culpa humana. Presentan modelos inalcanzables de santidad y los inferiores humanos siempre en deuda hacia los líderes que vienen a tomar el lugar de "semidioses".

• Los manipuladores le hacen creer a sus víctimas que sin la dirección de ellos es imposible ver la luz o alcanzar sus metas.

• Buscar reprimir la personalidad de sus víctimas y moldearla a los conceptos y símbolos del grupo.

• Exaltar la identidad con su grupo y la lealtad a sus doctrinas.

● Poner niveles y categorías de "santidad" y servicio al grupo o la secta.

● Hacerle creer a la víctima que su destino eterno depende del cumplir con los dogmas y reglas del grupo.

● Son muchas las características de una secta. Podemos resumirlas todas en "el mero esfuerzo humano de pretender manipular, controlar, dominar, vencer, o someter a otros usando toda clase de métodos carnales y humanos que no surgen de una experiencia genuina o transformadora de parte de Dios". En otras, palabras, una secta es obra de hombre o de los demonios, pero nunca de Dios.

"Mas el asalariado, y que no es el pastor, de quien no son propias las ovejas, ve venir al lobo y deja las ovejas y huye, y el lobo arrebata las ovejas y las dispersa. Así que el asalariado huye, porque es asalariado, y no le importan las ovejas"
—Juan 10:12-13

Capítulo 6

Cuatro tipos de abusos

Una secta, al ser un extracto y diluido de una verdad se convierte en una manera carnal de tratar de conocer a Dios de forma inútil. Esto da como resultado terribles consecuencias.

El doctor Ed Murphy en su libro titulado: *Manual de guerra espiritual*, enumeró cuatro tipos de abusos a los que un ser humano puede ser sometido. A menudo, algunos y a veces todos estos abusos se dan en diversas sectas. Murphy identificó las diversas reacciones negativas que provocan los abusos sobre las personas:

- Abuso sexual
- Abuso físico
- Abuso psicológico
- Abuso religioso

En el abuso sexual la persona presenta una culpa extrema y problemas sexuales. Esto lo acompaña el temor y la ira. En el abuso físico la persona presenta furia extrema y problemas de relación con las personas. En el abuso psicológico se presentan síntomas de una autoestima baja y negativa así como un espíritu de rechazo. Siempre produce ira. En el abuso religioso la persona es conducida a una confusión extrema acerca de Dios y la fe cristiana. Produce incapacidad de conocer a Dios o al Hijo de Dios. (Murphy, Ed. *The Hand book for Spiritual Warfare.* Thomas Nelson Publisher. 1992 Page 439.)

El abuso sexual se da cuando el método cae en manos de líderes autoritativos que reclaman total obediencia de parte de sus víctimas. Las víctimas piensan que el "líder cristiano" jamás sería capaz de propasarse con ellos. Pero estos líderes carnales utilizan su dominio sobre la persona para sutilmente ganar terreno y traspasar los límites hostigando y abusando. Se han dado casos de violaciones sexuales cuando la voluntad de la gente es entregada a "líderes" inescrupulosos que usando le religión le dan rienda suelta a sus deseos carnales.

Por otro lado, tenemos el abuso físico. Muchos están usando el lema "Conquistando las naciones", haciendo honor a su lema proponen incluso el uso de la fuerza contra los opositores de su sistema. Contrario a lo que muchos pudieran pensar de un sano ganar almas para Cristo.

De la misma manera se presenta el abuso psicológico cuando propone un sentido mesiánico de sus líderes. Presentan un cuadro donde cada líder lo asemejan a Moisés y donde maldicen a sus enemigos y usan alegorías mosaicas del Antiguo Testamento para validar sus "visiones" e incluso intimidar a sus víctimas identificándolos con los rebeldes "hijos de Coré". Todos aquellos que sean una amenaza para su dominio eclesial autoritativo vendrán a ser "los rebeldes". De esta forma dan paso también al abuso psicológico ya que comienzan haciéndoles creer a las víctimas que el líder es incuestionable así como sus propósitos y acciones.

Por medio de este libro pretendemos advertir a las personas a que estén alertas. Ninguna secta que pretenda vencer la voluntad del hombre utilizando la fuerza, la presión psicológica, el lavado de cerebro y otra clase de presiones o aislamientos proviene de Dios. La iglesia de Dios se basa en el amor a hacia él y no en otra clase de relación.

"!!Ay de vosotros, escribas y fariseos, hipócritas! porque recorréis mar y tierra para hacer un prosélito, y una vez hecho, le hacéis dos veces más hijo del infierno que vosotros…"
—Mateo 23:15

Capítulo 7

Las técnicas de las sectas y las dictaduras políticas

Existen ciertas características de las sectas que han sido usadas por fuerzas políticas para lograr someter las masas a hacer su voluntad. Estas acciones traspasan el terreno religioso para penetrar el de los ideales de dictaduras que buscan controlarlo todo.

En el libro titulado *"Neonazi" (La seducción de la Svástica)* de Antonio Luis Moyano de la editorial Nowtilus, él hace un análisis de como el nazismos sigue activo hoy y como procura resurgir. Dentro de ese análisis, Moyano presenta varios aspectos usados por los nazis dentro de sus Reich para someter a sus víctimas. Estos aspectos son:

- La persuasión coercitiva
- Lavado de cerebro
- Vencer la mente de una persona
- Esoterismo: Parte de la filosofía pitagórica, cabalística o análoga, que no era conocida por lo que ellos consideraban "profanos". Toda doctrina que requiere cierto grado de iniciación para participar de ella. En otras palabras, "solo los elegidos entienden", "los que siguen la misma visión".
- Ideal neofascista
- Un discurso antisistema
- Un sistema autoritario para imponerse
- Apoya toda opción política que sea afín con sus doctrinas.
- Un discurso apelativo que justifique la adhesión inquebrantable de sus militantes o adeptos.
- Veneración de una serie de símbolos o de un caudillo o líder carismático.
- Subordinación de lo individual por un sentimiento de uniformidad o conciencia colectiva.
- Exigencia de una total sumisión y entrega por parte de sus miembros.
- Atrapa gente que han sido empujados hacia la marginalidad. Baja autoestima, fracasos, etc. Propone llenar ese vacío.
- No descartan el uso de la fuerza y la justifican.

- Afirman ir tras la "perfección genética" y social.
- Discrimen y separación de todo aquel que no es como ellos.
- Discurso apelativo a los pobres.
- Impone la voluntad del líder sobre sus víctimas.

El Jesucristo de la Sagrada Biblia nunca tuvo por objetivo la creación de sectas. Si se escudriña bien el mensaje del evangelio, dista mucho de estas cosas que aquí mencionamos. Sin embargo, hombres conspiradores en la sociedad han utilizado toda clase de distorsión del mensaje cristiano para buscar someter al mundo. En la mayoría de los casos, imponiendo sus ideas por encima de la misma Biblia.

Será el lector quien finalmente tendrá la capacidad de distinguir que es positivo o negativo dentro de esta clase de práctica.

"...entendiendo primero esto, que ninguna profecía de la Escritura es de interpretación privada".

—I Pedro 1:19

Capítulo 8

¿Son los TDJ una secta?

Las características que hemos identificado en los capítulos anteriores a veces son asumidas en su totalidad por las sectas malsanas, otras veces, solo adoptan algunas de ellas según les conviene. En el caso de los *Testigos de Jehová* (TDJ) tenemos:

• Un grupo que sigue las doctrinas de unos líderes carismáticos.

• Un cuerpo de doctrinas basado en una Biblia diferente (Versión del Nuevo Mundo). Revistas creadas por la secta.

• Sometimiento de los feligreses y prohibición a leer libros como este.

- La secta reclama sentido mesiánico. En otras palabras, *"nadie es salvo de los que están fuera de este grupo"*.

- Reclaman ser la voz de Dios en la tierra.

- Exigencia de una total sumisión y entrega por parte de sus miembros, en especial a reclutar nuevos adeptos.

- Un discurso antisistema. Negación a jurar bandera, participar en elecciones de política.

- Lavado de cerebro que se da cuando la persona es sometida a no escuchar, mirar, leer, investigar los estudios que se hacen y que exponen la secta.

- La persuasión coercitiva se da cuando se le ponen niveles a los feligreses y se les "premia".

- Discrimen y separación de todo aquel que no es como ellos. Esto se da cuando se promueve la idea que solos los de esa secta entienden la verdad. Los demás son considerados profanos. Considerar "apóstata" a toda aquella literatura que no sea de acuerdo a las enseñanzas de sus líderes.

- Pleitesía hacia el líder, colocando sus escritos como una autoridad de gran trascendencia.

- Manipulación por medio de la esperanza de la salvación. Les hacen creer a sus víctimas que su destino eterno puede ser moderado por sus acciones en torno a la secta, en especial en la difusión de los escritos de su líder.

A menudo, las víctimas de estas sectas ni siquiera notan la manipulación a la que son sometidos. La venda en sus ojos es muy fuerte.

El aislamiento

El aislamiento de la información es una de las técnicas que más efectividad le da a estas sectas. Se les ordena que no tomen papeles informativos, documentos, literatura que consideran "oposición" a sus creencias. Ellos están dispuestos a llevar panfletos, libros, cuadernos y toda clase de literatura promovida por su secta, pero no están dispuestos a recibir de parte de la gente. El propósito es mantener la venda en los ojos de sus víctimas. Si una "secta" realmente es positiva socialmente no tiene porqué andar en aislamientos de la información. Si fueran firmes las bases que la sostienen no tienen porqué tener temores a lo que se pueda decir o dejar de decir. El que una secta le prohíba a sus víctimas el tomar literatura de la gente, es una abierta aceptación de que sus bases no son firmes y tienen miedo a estremecer la conciencia y perder feligreses.

El evangelio puro de la Biblia fue presentado firmemente contra toda clase de oposición. Se les presentó y defendió ante magistrados. Sufrieron cárceles y el martirio por defender la verdad. Pero no se utilizó en ningún momento el aislamiento y el silencio ni la ignorancia para apresar las mentes de la gente.

"El ladrón no viene sino para hurtar y matar y destruir; yo he venido para que tengan vida, y para que la tengan en abundancia".
—Juan 10:10

Capítulo 9

La diferencia de una secta y la verdadera iglesia

A diferencia de una secta secular, Jesucristo no vino a reprimir a la gente ni a anular la personalidad. El vino a mostrarle al hombre el camino a Dios para que el hombre de manera voluntaria pueda escoger y ejercer el libre albedrío. Jesús no vino a lavar cerebros con filosofías morales sino que vino a invitar al hombre al arrepentimiento. Lo que Dios espera del hombre es que busque el amor de Dios. No se trata de utilizar presiones psicológicas ni de imponer ideas, sino que se trata de conocer el amor de Dios, recibirlo y abrazarlo. No se trata de un grupo herméticamente sellado ni de una sociedad secreta, sino que la iglesia es transparente en palabra y hecho. No se trata de un discurso antisistema, sino que se trata de invitar al sistema a abrazar a Jesucristo. No se trata de un sistema autoritario para imponerse sino que Jesús toca a la puerta para que todo aquel que le abra pueda cenar junto a él. El propósito de la iglesia es que la sociedad completa pueda nacer de nuevo para que sean recibidos por Dios el Padre y alcancen herencia eterna. La iglesia de Dios no venera hombre ni imágenes sino que mira al único Dios: Padre, Hijo y Espíritu Santo. Mientras que la secta se enfoca en el grupo, la iglesia se enfoca en la oveja para que pueda alcanzar a Dios. La secta demanda entrega hacia un grupo determinado, la iglesia demanda entrega hacia Dios. La secta busca personas marginadas pero la iglesia llama a toda la sociedad por igual. Las sectas no descartan el uso de la fuerza, pero la iglesia no usa armas carnales ni terrenales. Las sectas quieren "perfeccionar" gente a obedecer unas directrices, la iglesia reconoce que el único perfecto es Jesucristo de quien depende la gracia y quien lleva al hombre a ser santos. En la secta hay discrimen y separación, en la iglesia hay un llamado a todas las gentes para que abrasen a Cristo. En la secta se impone el líder usando la manipulación, en la iglesia se invita a obedecer a Dios de manera voluntaria sin repeticiones ni presiones de ninguna clase. Las sectas tienen ritos secretos, la iglesia es transparente. La secta se enfoca en los números y en las cantidades, la iglesia se enfoca en el amor a todos, incluso hacia los pobres o incapacitados. La secta busca controlar y aislar mientras que la iglesia propone la obediencia voluntaria y el escudriñar abiertamente la Biblia.

Por medio de los puntos ya presentados será el lector quien determinará si los TDJ son o no una secta positiva o negativa para la sociedad.

"Y cualquiera que haga tropezar a alguno de estos pequeños que creen en mí, mejor le fuera que se le colgase al cuello una piedra de molino de asno, y que se le hundiese en lo profundo del mar".
—Mateo 18:6

Capítulo 10

Ciegos guías de ciegos

Una de las mayores tragedias sociales de todos los tiempos es la falsa religiosidad. Cuando Jesús estuvo en la tierra de Palestina tuvo que lidiar con ellos directamente. Jesús se encontró con un grupo de religiosos que pretendían y proclamaban guardar la ley de Dios, sin embargo tenían al autor de la vida frente a ellos y sólo procuraban darle la muerte. Ni siquiera conocieron que él era el Cristo. Jesús se refirió a ellos como "los ciegos". Como si fuera poco, estos ciegos eran capaces de quitarles la vista a otros. ¿Cómo es posible que un ciego posea la habilidad de quitarle la vista a su prójimo? Jesús dijo que esto es posible y de hecho sucede constantemente. El pasaje de Mateo dice:

"Dejadlos; son ciegos guías de ciegos; y si el ciego guiare al ciego, ambos caerán en el hoyo". (Mateo 15:14

¿Qué es un ciego? Un ciego dentro de este contexto es algo más que estar privado de la vista. Se trata de estar "ofuscado y poseído con vehemencia de alguna pasión". Hay gente que al estar poseídos por la ira cometen atrocidades sociales, para luego darse cuenta que el coraje les privó de razonar y cordura. Es constante ver las noticias en los periódicos y las comunes afirmaciones de aquellos que cometen violencias y crímenes diciendo "me cegué", "perdí el control". En el ámbito religioso también existe la ceguera. Jesús se enfrentó con muchos religiosos que estaban cegados por la hipocresía. El deseo de la gente de querer ser aprobados por Dios, pero a la vez nunca deshacerse de sus malas acciones era la orden del día en Jerusalén empezando por los principales sacerdotes del templo. Como si fuera poco, esta hipocresía religiosa pretende crecer como levadura que arropa toda la masa. Jesús señaló e identificó a estos religiosos. En Mateo se nos dice:

"!!Ay de vosotros, escribas y fariseos, hipócritas! porque recorréis mar y tierra para hacer un

prosélito, y una vez hecho, le hacéis dos veces más hijo del infierno que vosotros". (Mateo 23:15)

Lo que se nos está diciendo es que estas personas tenían un "gran programa misionero". Las misiones consisten en visitar las casas, tocar puertas, buscar, ganar, discipular, consolidar en las creencias y enviar a otras personas que pregonen un mensaje. La tragedia consiste en llevar un mensaje erróneo. En el caso de los fariseos, esas "misiones" consistían en "leudar toda la masa". En otras palabras, lo que ellos creían era impartir religión, era en realidad impartir ceguera. La ceguera consistía en una doctrina errada. Un concepto errado de Dios y una aptitud errónea hacia Dios. Sin embargo, poseyendo todos los elementos oscuros, la falsa religiosidad se adorna con ritos. Los ritos se distinguen por una apariencia de piedad, llevar el rollo de la ley bajo el brazo, hacer proselitismo, entre otras cosas, pero a la hora de la experiencia, frutos y la verdad, se quedaban cortos. Poseen todo un cuerpo de dogmas y doctrinas pero no son aprobadas. Una de las cosas que más Dios aborrece es la falsa religiosidad. La religión dada al hombre de parte de Dios nunca fue una teoría muerta encerrada entre dos portadas de un libro. Tampoco fue una exhibición de buenas ideas, teorías o filosofías morales, sino que es un vivir santo que ejecuta acciones de misericordia a todo aquel que lo necesite. A veces los ritos le resultan más atractivos a los hombres que la misma acción de misericordia.

Ellos ayunaban, se congregaban, leían la ley, hacían prosélitos, pero a la hora de levantar al caído se quedaban de brazos cruzados. Isaías nos dice:

"Clama a voz en cuello, no te detengas; alza tu voz como trompeta, y anuncia a mi pueblo su rebelión, y a la casa de Jacob su pecado. Que me buscan cada día, y quieren saber mis caminos, como gente que hubiese hecho justicia, y que no hubiese dejado la ley de su Dios; me piden justos juicios, y quieren acercarse a Dios. ¿Por qué, dicen, ayunamos, y no hiciste caso; humillamos nuestras almas, y no te diste por entendido? He aquí que en el día de vuestro ayuno buscáis vuestro propio gusto, y oprimís a todos vuestros trabajadores. He aquí que para contiendas y debates ayunáis y para herir con el puño inicuamente; no ayunéis como hoy, para que vuestra voz sea oída en lo alto. ¿Es tal el ayuno que yo escogí, que de día aflija el hombre su alma, que incline su cabeza como junco, y haga cama de cilicio y de ceniza? ¿Llamaréis esto ayuno, y día agradable a Jehová? ¿No es más bien el ayuno que yo escogí, desatar las ligaduras de impiedad, soltar las cargas de opresión, y dejar ir libres a los quebrantados, y que rompáis todo yugo? ¿No es que partas tu pan con el hambriento, y a los pobres errantes albergues en casa; que cuando veas al desnudo, lo cubras, y no te escondas de tu hermano? Entonces nacerá tu luz como el alba, y tu salvación se dejará ver pronto; e irá tu justicia delante de ti, y la gloria de Jehová será

*tu retaguardia. Entonces invocarás, y te oirá Jehová; clamarás, y dirá él: Heme aquí. Si quitares de en medio de ti el yugo, el dedo amenazador, y el hablar vanidad; y si dieres tu pan al hambriento, y saciares al alma afligida, en las tinieblas nacerá tu luz, y tu oscuridad será como el mediodía. Jehová te pastoreará siempre, y en las sequías saciará tu alma, y dará vigor a tus huesos; y serás como huerto de riego, y como manantial de aguas, cuyas aguas nunca faltan". (*Isaías 58)

Dios aborrece los ritos vacíos escasos de misericordia. Hay gente que ora y ayuna para hacerse millonario, pero no pasa un día de hambre a favor de un pobre de la esquina. Hacen vanas repeticiones programadas enfocadas en aumentar sus bienes terrenales pero su enfoque no va dirigido a salvar al pecador. Luego le cuestionan a Dios y dicen: "ayunamos y no respondiste". Dios no busca religiosos sino un pueblo santo que haga las mismas obras que Él hizo. Hoy es el tiempo cuando se han amontonado maestros conforme a sus concupiscencias disfrazadas de religiosidad e incluso de cristianismo. El medio que Dios ha provisto para contrarrestar ese mal lo es la luz de su Palabra. En cambio, si la gente traspasa los límites de la Sagrada Biblia para introducirse en el terreno de la avaricia, caerán en lazos que provocan la ruina en todos los sentidos. Busquemos escudriñar la Biblia y guardar los mandamientos.

"No tendrás dioses
ajenos delante de mí".
—Éxodo 20:3

Capítulo 11

La tumba masónica de
Charles Taze Rusell

En Pennsylvania, Estados Unidos se encuentra el "Greater Pittsburgh Masonic Center". Usted puede esperar encontrar cualquier nombre de personas seculares en aquel cementerio. Pero allí se encuentra algo que pudiera abrir los ojos de mucha gente que andan ciegos cayendo en las redes de la secta Testigos de Jehová. Y es que en ese lugar se encuentra la tumba del fundador de la secta Testigos de Jehová. No se trata de una confusión ni de ninguna casualidad. Se exhibe de forma abierta una enorme pirámide illuminati y se vincula directamente con el fundador de dicha secta. Incluso en diversos escritos, Charles Taze Rusell hizo referencia a lo que él pensaba eran las pirámides egipcias a las que atribuyó gran significado a la hora de descifrar el tiempo apocalíptico. Lo que mucha gente ignora es que son los masones los que buscan en las culturas de Egipto, Babilonia y otros pueblos antiguos, el significado de su religión. La masonería tiende a venerar ciertos emblemas como lo son las pirámides. Las ideas masónicas bebieron de las fuentes de los templarios y egipcias.

Uno de los emblemas masónicos que se exhiben en el dólar americano lo es la pirámide y el *ojo de Ra* u *Horus* de los egipcios. ¿Por qué el dólar americano posee muchos emblemas masónicos? Esto es porque Estados Unidos se fundó bajo la dirección masónica. Es pues, Estados Unidos, la primera república masónica del mundo.

Siendo que los Estados Unidos fueron fundados sobre estas bases masónicas, serían ellos quienes buscarían controlar y manipular toda la historia posterior a la fundación, para obtener los fines globales de las logias y grupos secretos.

Si usted estudia la masonería se dará cuenta que en el pasado eran gremios de constructores. Fueron empleados para edificar catedrales. Al ser constructores de catedrales estuvieron en contacto con los llamados "caballeros templarios". Fueron los templarios los que fusionaron sus ideas religiosas y políticas con la masonería. Ahora, lo que se supone fueran gremios de trabajadores, se constituyeron en logias y sociedades secretas donde predomina toda un simbología ocultista. Si usted investiga la religión de los templarios encontrará grandes misterios. Ellos utilizaban la máscara social de defender el cristianismo, sin embargo, cuando usted investiga más a fondo, ellos se habían adentrado en el mundo del ocultismo y su Dios no es precisamente Jehová o Jesucristo sino *Bafomet*, un ídolo. Sin embargo, la máscara social que siempre se presentó fue la de "cristianos".

Son los ocultistas los que veneran las pirámides y los obeliscos. Las pirámides representan para ellos grandes templos de iniciación en religiones oscuras. Estos ritos de iniciación no se tratan de religión cristiana sino de un enfoque en la religión pagana egipcia. Ninguno que diga seguir la Biblia puede pretender encontrarle un sentido espiritual para edificación a un templo, u objeto dedicado a los demonios. Los ocultistas usan la pirámide como símbolo de poder y de energía y le brindan un significado especial, incluso para definir lo que consideran es su destino. El cristianismo verdadero nada tiene que ver con las pirámides, sino solo que Dios mandó a su pueblo a salir de Egipto y de la idolatría. ¿No es extraño que la tumba del fundador de los Testigos de Jehová, Charles Taze Rusell, sea una pirámide Illuminati? Charles Taze Rusell no es el único líder de sectas que poseía vínculos con los masones y sociedades secretas. Existen otras sectas que se mueven en la sociedad que parten de las mismas bases. ¿No es extraño que la tumba de la fundadora de los adventistas, Elena G. de White, sea un obelisco? El simple hecho de poseer esos emblemas, los hace vincularse con planes oscuros de control social o siguiendo un programa masónico que atenta contra el cristianismo verdadero. Si usted investiga la secta fundada por Joseph Smith, los mormones, tienen ritos muy paralelos a los realizados dentro de las logias masónicas. Tenemos también en la sociedad a grupos que dicen ser iglesia evangélica pero se reúnen en logias masónicas y en clubes y a su vez promueven la anarquía y rechazan las autoridades. Este es el tiempo cuando las tinieblas se han dado a la tarea de introducirse entre los santos de Dios vestidos de ovejas, pero siendo lobos en realidad. En la sociedad hemos estado viendo una tendencia de sectas de origen masónico, lo que indica que los Iluminados de Lucifer tienen un plan detallado para minar la sociedad con falsas creencias planeadas y pensadas para combatir al verdadero cristianismo. Ellos han elaborado sectas destructivas que pervierten y tergiversan el mensaje cristiano. De esta forma obstaculizan al verdadero evangelio. Muchas sectas crean confusión social y les favorece para sus planes de crear un Nuevo Orden Mundial secular. Está claro que si la masonería pretende derribar la religión para establecer un dominio mundial que incluye el aspecto religioso, primero deben destruir el evangelio de Cristo para imponer un modo de creencia que se moldee a sus intereses. De esta manera han venido trabajando para crear sectas e iglesias parecidas a la iglesia de Dios, pero contaminada con herejías diversas que niegan la experiencia cristiana y la sustituye con tradiciones, dogmas, ritos, y mandamientos de hombre.

Son muchas las sectas que dicen ser cristianas pero exhiben emblemas y doctrinas masónicas que solo buscan destruir la iglesia desde su mismo seno. Ya de antemano se nos advierte de esta clase de personas y grupos en el Nuevo Testamento.

La pirámide illuminati en el dólar

Volviendo al emblema de la pirámide y el dólar americano, usted notará las siguientes frases:

"Novus Ordo Seclorum" (Nuevo Orden Secular)

De la misma manera encontrará las palabras:

"Annuit, Coeptis" ("que anuncian el nacimiento de")

Y la fecha de 1776. Para unos la fecha del 1776 se puede referir a la independencia de Estados Unidos y para otros se refiere el comienzo de una sociedad secreta ocultista política. Lo cierto es que el emblema de la pirámide y el ojo de Horus tienen sus misterios.

Son muy pocos los que notan el enigma dentro del dólar. Existe un juego de letras que forman la palabra: M.A.S.O.N. Estos se da cuando usted traza una línea desde la "A" de "Annuit", la "S" de "Coeptis"; la "N" de "novus", la última "O" de Ordo; y la "M" de "Seclorum". Al trazar la línea usted encontrará el símbolo de un hexagrama similar a la "estrella de David".

A   S

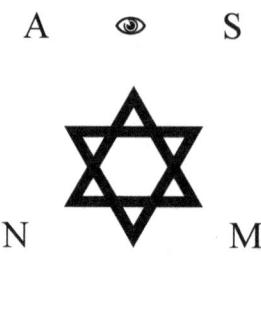

N   M

O

De la misma manera puede formar la palabra M.A.S.O.N. que no es otra cosa que:

A: "Ancient"
O: "Order"

N: "Nobles"

M: "Mystic"

S: "Shrine"

Se trata de la continuidad de una sociedad ocultista milenaria egipcia que tiene como meta el control mundial. Dios sacó a su pueblo de Egipto a causa de la idolatría. Es precisamente la idolatría la base de estas sociedades secretas y ocultas. Esas sociedades se han mantenido por largas generaciones que han sabido introducirse en la política de las naciones por medio de los templarios y la masonería. De esta manera, se pretende imponer una agenda global sobre todas las ciudades donde ellos han controlado los gobiernos. De hecho, cuando la política no le favorece, es el momento cuando surgen los asesinatos. Recordemos el caso de Kennedy.

La Biblia profetiza que en el fin de los tiempos el enemigo de Dios, Lucifer estaría conduciendo a las naciones a un gobierno mundial opuesto a Dios. A mucha gente le cuesta creer que esto sea una realidad. Sin embargo, tenemos en la sociedad toda una plataforma organizada que busca derribar la religión, en especial el cristianismo. La meta del mundo es el llamado "Nuevo Orden Secular". Una sociedad sin Dios, donde el hombre se coloca como el dios de sí mismo.

Si usted se fija, el uso de emblemas masónicos de parte de grupos religiosos no es otra cosa que los nexos que tienen sus líderes con las órdenes secretas que tienen el plan mundial de derribar el cristianismo. Estas sectas falsas han venido con la misión de destruir el cristianismo genuino y suplantarlo por uno falso.

Esas sociedades secretas han seguido latentes y se introducen en diversas religiones y sectas. Incluso, existen sectas "cristianas" originadas por ellos, este es el caso de los "Testigos De Jehová". En tiempos de Jesús, estuvieron a cargo de la milicia del templo haciendo guerra contra Cristo mismo y hoy esa guerra continua contra la iglesia cristiana.
Si usted le muestra a un Testigo de Jehová la verdad sobre lo que aquí decimos se sorprenderá y se irá a la defensiva.

Los Testigos de Jehová de las altas jerarquías se las han ingeniado para crear toda clase de palabrería que justifique la existencia de ese emblema (La pirámide illuminati) sobre la tumba de Charles Taze Rusell.

Una de las teorías de Rusell lo es *"la teoría de la Gran Pirámide"*. Afirmaba que las pulgadas de distancia adentro de la Gran Pirámide de Egipto se relacionaban con años, ("prediciendo el futuro"). El sucesor de Charles Taze Rusell quitó el énfasis en esa idea, de esta manera, muchos de los feligreses de hoy día en dicha secta ignoran todo esto. El simple hecho de que Charles Taze Rusell buscara un significado "espiritual" o bíblico en un objeto ocultista, muestra claramente que su origen y procedencia no es conforme a la luz cristiana sino a lo oscuro de las sociedades secretas masónicas que conspiran contra los santos de Dios. En un libro escrito en 1933 por Edith Starr Millar, titulado *"La oculta Teocracia"* (Occult Theocrasy) se afirma que Charles Taze Russell era un masón y caballero templario. Ahora bien, si usted le dice esto a un seguidor de los *Testigos de Jehová,* ellos se irán a la defensiva y afirmarán que esas expresiones se basan en ataques mal fundados contra su secta.

Si usted investiga de qué se trata la masonería moderna descubrirá que ellos se han nutrido de las fuentes de los templarios que buscan el control del mundo por medio del establecimiento de un Nuevo Orden Mundial. La masonería ha estado ligada a la formación de los partidos políticos en el mundo. Ellos se han encargado de infiltrarse en las altas esferas de los gobiernos, la política, las agencias secretas, las religiones estatales y han buscado conseguir sus metas orientando el mundo hacia unos fines particulares. Ellos han diseñado un plan complejo para la toma del mundo. Ese plan complejo envuelve negociar guerras internacionales, manipular la economía mundial, usar toda clase de estratagemas que provoquen el resultado de un Nuevo Orden Mundial. En otras palabras, se trata de un grupo muy poderoso que puede provocar grandes catástrofes y utilizarlas para su beneficio. Por ejemplo, hacer caer la economía mundial para inclinar la balanza hacia el lugar donde ellos tienen sus acciones invertidas. Infundir temor en la sociedad ocasionando grandes atentados terroristas. Su meta sería conducir al mundo a buscar seguridad en un sistema de antemano planeado que consistirá en la marca de todo ser humano por medio de un chip de compra-venta. De esta forma controlar el planeta completo.

En el aspecto religioso, es de esperarse que ellos batallen contra toda oposición a sus metas globales. Todo lo que se oponga a su sistema totalitario se convertirá en su blanco de ataque. Es por esto que se evidencia que muchas de las sectas que batallan contra el mismo cristianismo sean creación de estos Iluminados. Sectas como los Mormones, los Adventistas, el mismo Vaticano, la Anarquía cristiana, el Islam, los Testigos de Jehová, Creciendo en Gracia y algunos otros, beben de la misma fuente anticristiana.

Se ha dicho que una de las artimañas de los templarios y masones para dominar la sociedad es utilizar falsas fachadas, cortinas de humo, un disfraz social que no los identifique como lo que son. De esta manera, usted podrá encontrarse, a manera de ejemplo, con un líder que reclame ser del partido político anti-masónico, pero siendo en realidad un infiltrado masón verdadero que lo que busca es favorecer la masonería en todo momento. De la misma manera, el terreno religioso es útil para estos infiltrados. Encuentran lugar en el mismo Vaticano y se introducen en la sociedad por medio de diferentes sectas como los Testigos de Jehová. Ellos utilizan los "planes de evangelización" de estas sectas para identificar a sus enemigos. Utilizan los reportes que ellas brindan para identificar donde está la oposición social más fuerte a sus metas globales. No es de dudar, que estas sectas falsas sean un señuelo y que sirvan de espionaje social para cumplir con los planes de los forjadores del Nuevo Orden Mundial. Ellos toman nota de cada rincón social donde existan grupos opositores. Llevan un monitoreo específico de cada región.

Muchos de los engañados feligreses llevan informes detallados de todo lo que se hace dentro del grupo. Se dividen la sociedad en regiones cuya meta es "evangelismo". Esos informes sirven de guía para los verdaderos manejadores de marionetas para que puedan identificar donde se encuentran los núcleos cristianos más fuertes. Es decir, los Mormones, los Testigos de Jehová, entre otros escriben sobre las áreas cartográficas que ellos consideran se deben trabajar. Esa cartografía cumple un doble propósito. Para los ignorantes fieles a la secta, se trata de un mero "evangelismo", pero para los creadores de la secta se trata de un plan de control social y de monitoreo de los enemigos, los cristianos.

Usted debe notar que estas sectas son completamente anticristianas. Su batalla es contra Cristo mismo y contra su templo. Sin embargo, el Vaticano, los Testigos de Jehová, los mormones y demás sectas de errónea doctrina, le hacen creer a los feligreses que ellos poseen un verdadero evangelio y que del trabajo que hacen a esos grupos depende su salvación y vida eterna. De esta manera, le sirve de motor y difusión de su mensaje que se torna en control social.

Los infiltrados

No siempre estos infiltrados de Lucifer vienen con herejías claramente fáciles de señalar. Vivimos en tiempos donde los enemigos del evangelio se disfrazan de ministros de justicia. Una vez se ganan el respeto y la credibilidad dentro del pueblo de Dios tienden a conducir a las masas a abrazar a Roma, la Gran Ramera (Apocalipsis 18) que el anticristo usará para entronarse. Por sus frutos los conoceremos. Ellos pueden entrar a las iglesias y colocarse en puestos de mando y desde el mismo seno de la iglesia tienden a alivianar las relaciones de los evangélicos con los idólatras. Son ellos quienes vestidos de "evangélicos" predican a las multitudes que es necesario andar de la mano con los idólatras como si ellos sirvieran a Cristo. Pretenden que todas las religiones diversas se tomen de la mano y canten en armonía "fumando la pipa de la paz". Hacer esto es negar la exclusividad de la salvación por medio de Cristo. Jesús fue muy claro en esto, los falsos religiosos tienen que arrepentirse. Sólo por medio del arrepentimiento genuino y de la conversión podrán entrar al reino de Dios. Recordemos, el anticristo necesita una religión sincrética para usarla y llegar al poder. Hoy día, son los papas romanos quienes están convocando a la unión religiosa. De la misma manera, dentro de los protestantes se han infiltrados diversidad de ministros, milagreros que hacen la misma labor de Roma. Proclamar la unidad ecuménica. Cuando no pueden lograr esa falsa unidad, entonces crean sectas destructivas a la doctrina cristiana.

"Y dijeron: Vamos, edifiquémonos una ciudad y una torre, cuya cúspide llegue al cielo".

—Génesis 11:4

Capítulo 12

El Nuevo Orden Mundial

El "*Novus Ordo Seclorum*" que se anuncia en el dólar americano no es una teoría de conspiración como muchos quieren hacer ver. Se trata de una compleja bestia política que abarca diversidad de organizaciones para lograr un mismo fin. Las sectas falsas de origen masónico y de influencia templaria y ocultista son eslabones de una amplia cadena en manos de los urdidores del Nuevo Orden Mundial.

Charles Taze Russell y J. Rutherford

Se sabe que estos dos líderes de la secta TDJ trabajaban íntimamente con los masones y eran muy buenos amigos. De la misma manera, se puede esperar que dentro de algunas iglesias protestantes se hayan introducidos de esta clase de *infiltrados* cuyas metas son similares; adelantar las metas del Nuevo Orden Mundial.

Se ha dicho que ambos fundadores, tanto el de los mormones (Joseph Smith), como Charles Taze Rusell (Los Testigos de Jehová) pertenecen a la línea de sangre de los Iluminados. Se cree que Charles Taze Rusell perteneció a la línea Illuminati de los *Russell*, quienes fundaron la infame sociedad llamada "Skull and Bones" *(La Calavera y los huesos)* de la Universidad de Yale. Un grupo o sociedad secreta que obra en las sombras y ha sido investigado por sus acciones oscuras y tenebrosas. Dice Enrique Pajak en su libro La bestia del fin de los tiempos:

"La dinastía judía de los Russell comienza Nodiach Russell que junto con James Pierpont fundó la universidad en Yale y ahí la orden Skull and Bones. Desde ahí la familia Russell tiene su logo la calavera y los huesos." (Libro: La bestia del fin de los tiempos - Author: Enrique Pajak)

No es casualidad que el cuerpo filosofal de la secta Testigos de Jehová se opone al cristianismo de los evangélicos y encuentra muchas fricciones y diferencias. Se puede ver que la masonería trabaja de forma intelectual entre las masas, creando grupos e ideologías que les sirvan de alguna manera para controlar los grupos.

Charles Taze Rusell tuvo muchos contratiempos a menudo ignorados por aquellos que viven preso de la secta hoy día. La vida pública de Charles Taze Rusell se vió aún más empañada cuando su propia esposa lo acusó de ser un pedófilo y satanista. Se cree que la secta TDJ (Testigos de Jehová) surgió a base del patrocinio de los Rothschilds, quienes controlan a su vez la logia B'nai B'rith. Se cree que el zionismo fue una creación de los Rothschild y también fue promovido por Charles Taze Rusell. El *zionismo* no es otra cosa que una de las múltiples fachadas que usa la masonería para lograr sus planes mundiales. ¿Cuándo usted ha visto a Lucifer interesado en el bienestar de Israel? El mismo Adolfo Hitler pertenecía a la casa de los Rothschild. Esto lo que demuestra es que los orquestadores del Nuevo Orden Mundial toman diversidad de disfraces para conseguir sus metas. Recordemos al dictador Adolfo Hitler afirmando ser un hijo de Roma. Por un lado reclaman ser religiosos y por otro lado actúan como asesinos "en nombre de Dios". El "dios" de ellos no es el Dios de la Biblia.

¿Qué es el Nuevo Orden Mundial?

El Nuevo Orden Mundial, como se anuncia ya en el dólar americano *"Novus Ordo Seclorum"* se trata de un pretendido gobierno mundial secular que domine sobre toda la tierra. Cuando se le llama *'secular'* se entiende que ese pretendido gobierno no puede responder al cristianismo pero sí promueve toda clase de religión o sistema de creencias que no reclame fe exclusiva. Aunque es un plan de gobierno que usa la herramienta la globalización y la "mundialización" no se puede desprender del aspecto religioso. En su esencia, el Nuevo Orden Mundial posee el motor de la religión, en especial la religión egipcia y babilónica y la veneración de las pirámides y símbolos e imágenes antiguas consideradas místicos. Se trata de organizar el mundo en un poder central, o sea, la cúspide la de la pirámide y desde ese lugar de comando dominar sobre el cuerpo restante. Estos esfuerzos políticos están enlazados a religiones y creencias ancestrales y se remontan hasta Nimrod, la ciudad de Asiria y también del nombre del rebelde conquistador que dio origen a Babilonia (hoy, Irán e Irak) (Génesis 10) En tiempos remotos, este rebelde conquistador quiso dominar la tierra con un gobierno central secular y batallar contra el pueblo de Dios. Erigieron una enorme torre (pirámide) cuya meta era conseguir divinidad por medios paganos. Las bases de esa pirámide de control mundial eran: soberbia, control humano, politeísmo, animismo, culto al demonio, y enoteismo. (*The Handbook for Spiritual Warfare* by Dr. Ed Murphy. Thomas Nelson Publisher. 1992. Págs. 230-231) Ellos pretendieron crear un gobierno mundial que opuesto a Dios les diera autoridad sobre todos para imponer sus reglas lejos de la ley de Dios. El resultado de sus pretensiones fue el juicio de Dios.

Los hijos de Nimrod

Tanto ayer como hoy, los hijos rebeldes de Nimrod siguen pretendiendo levantar un gobierno mundial que responde a los objetivos anticristianos de querer obtener la divinidad sin reconocer el dominio del Creador ni acatar sus leyes. La Torre de Babel sigue pretendiendo en ser levantada. La Babilonia religiosa sigue latente y dará a luz el más terrible de los holocaustos contra el pueblo de Dios.

Los Iluminados (Illuminatis) y la masonería

Ya hemos dicho que Charles Taze Rusell, así como otros líderes de sectas se les vincula con los masones y los templarios.

☛ ¿Quiénes son los masones?

En el 1748 nace en Baviera, Alemania, Adam Weishaupt. Nacido de padres ortodoxos judíos fue convertido a la religión católica romana. Desde joven fue educado por maestros jesuitas (Sociedad de Jesús). Se ilustró en el conocimiento del hebreo, griego y latín. Luego de su aparente "salida" de los jesuitas se dedicó a enseñar como profesor en Ingolstadt donde quiso establecer una academia de escolares. Su orientación posterior fue hacia las cosas ocultas lejos de la tradición cristiana. Viendo la pirámide de Giza mostró gran interés en ese lugar histórico y según sus creencias proponía que ese lugar era un antiguo templo de iniciación que concordaba con sus creencias ahora ocultistas donde se da culto a "Gran Arquitecto del Universo" (dios neutral accesible al monoteísmo). En el 1771 decidió fundar una sociedad secreta diseñada para transformar la raza humana y escogió el emblema del "*Triángulo de la luz*" como logo de su orden. Dedicó gran parte de su vida a la idealización de un plan y enseñanza consultando diversos recursos del ocultismo. El primer nombre dado a su orden dentro de la voz inglesa lo es los "Perfectibilisen" e identifica a los llamados hombres "perfectos" entre los cátaros. Adam Weishaupt diseñó su orden en forma piramidal por sus creencias ocultistas. Esa orden contaba con una jerarquía, la cual se componía de:

- Novicios = "Minervals", "Illuminatis Menores" (voces inglesas de la primera clase)
- Ordinarios = "Scottish", y Caballeros "Scottish"

- Clase Misteriosa de dos niveles de sacerdotes (reyes y magos) "Illuminatis Rex"

Esta jerarquía se componía de:

- El tribunal
- 13 Grandes Druidas-Sacerdotes
- Consejo de los 33 (33 masones más altos)

Adam Weishaupt fue el primer utópico en pensar en escala global afirmando que su grupo traería el Nuevo Orden Secular ("Novus Ordo Seclorum"). Una república mundial socialista universal. Esta revolución tanto de Weishaupt como de su ayudante Barón Von Knigge propondría ser socialista en todos sus objetivos. Ya hemos visto que dentro de la mayor jerarquía masónica existe la realidad de 13 druidas (sacerdotes satánicos) que están detrás de los objetivos de esta orden. Por otra parte, han sido los jesuitas los que han seguido los planes mundiales de Adam Weishaupt. Los jesuitas han utilizado la máscara de la *"Compañía de Jesús"* para pretender identificarse con guerreros que están a favor del cristianismo, pero los resultados son todo lo opuesto, incluso en el juramento de los jesuitas, ellos juran asesinar a todo el que no sea católico. Los templarios usaban la máscara de defensores de las reliquias de Jesucristo para adueñarse de las riquezas con la máscara social de "voto de pobreza". De la misma manera, los jesuitas afirman ser cristianos pero haciendo la labor de Lucifer.

La orden militar de los Jesuitas

Ya hemos dicho que los jesuitas están ligados a los llamados "Iluminados". Siendo el mismo Weishaupt un jesuita de alto rango y el cabecilla de una secta satánica, él sabría como imponer sus planes luciféricos de control mundial sobre el resto de la pirámide donde él mismo era el cabecilla. En otras palabras, el satanismo posee una jerarquía que tiene a la cabeza al mismo Lucifer, luego le siguen los hombres que se han puesto en su servicio en la tierra.

La orden militar denominada *"Compañía de Jesús"* fue fundada por el español Ignacio de Loyola y fue aprobada por el papa en 1540. Es un brazo militar que en apariencia le sirve al Vaticano, sin embargo son ellos quienes realmente lo controlan. Tanto los jesuitas como los Iluminados de alto rango son satanistas. Más que servir a la religión católica, ellos le sirven a los intereses del Vaticano siempre y cuando cumplan con las metas de control mundial. Los Iluminados y Jesuitas buscan controlar el mundo y para lograrlo tienen que fungir como religiosos. Ellos saben que si pueden manipular la religión a su antojo y esto da como resultado el someter a todos los pueblos, ellos lo harán. Es por esto que hacen del papa romano y su alegado "poder supremo" una herramienta importante para su dominio sobre el mundo. Esto explica el porqué los Illuminatis desean convertir a todos al catolicismo. Ya que la religión idólatra es para ellos indiferente pero útil a sus planes mundiales. Son ellos quienes provocan un odio de los católicos hacia las iglesias protestantes. Basta leer el juramento de los Jesuitas que dice:

Yo, ahora en la presencia de Dios omnipotente, de la Bendita Virgen María, del Bendito San Juan Bautista, de los santos apóstoles Pedro y Pablo y todos los santos de la milicia celestial y a la voz de mi Santo Padre espiritual Superior general de la Sociedad de Jesús, fundada por San Ignacio de Loyola, bajo el pontificado del Papa, y de la Bendita madre de Dios y de Jesucristo, declaro y que su santidad el Papa es el vicario de Cristo, Único, y Verdadero jefe de la iglesia Católica Romana Universal en todo el mundo y que en virtud de las llaves dadas a su santidad por mi Salvador Jesucristo para atar y desatar, el tiene el poder de responder a reyes, príncipes, estados, repúblicas, gobiernos, reos de herejía los cuales pueden ser impunemente destruidos. Por esto con toda mi fuerza defenderé esa doctrina, el poder y el derecho de Su santidad el Papa contra todo los usurpadores de cualquier herejía o autoridad protestante, quién fuere junto a todos los adherentes que pudieran usurpar oponiéndose a la santa iglesia Católica de Roma. Repudio y desconozco, desde ahora en adelante cualquier alianza con cualquier rey, príncipe de estado, hereje, protestante o liberal. Rechazo obedecer a cualquier ley, magistrados u oficiales. Declaro además que las doctrinas de las iglesias llamadas "Protestantes" están condenadas y condenados juntamente todos aquellos cuya doctrina no abandonen. Declaro que ayudaré y aconsejaré a todos los agentes de su santidad el Papa en cualquier lugar que se hallen haciendo lo mejor para extirpar las iglesias protestantes sus potencias tanto legales o de cualquier naturaleza, prometo y declaro que yo no tendré opinión, voluntad propia, como un cuerpo muerto, obedeciendo así sin dilación alguna cualquier orden que pueda recibir de la sede del Papa y Jesucristo. Declaro además, que haré siempre que se me presente la oportunidad una guerra sin cuartel secreta y abiertamente contra todos aquellos herejes protestantes de la manera y forma que se me indique desapareciendo de la faz de la tierra, para esto no tendré en cuenta edad, sexo, ni condición alguna. Ahorcaré, quemaré, consumiré, sepultaré, aniquilándoles. Y cuando eso no pueda hacerse, entonces usare en secreto la copa de los venenos. Así como se nos indique obrar por cualquier agente del Papa enviando o delegando en la Orden de la Santidad de Jesús. Y para confirmar lo que antecede, dedico la vida y expongo mi alma. Y con este estilete que yo ahora recibo, escribo mi nombre con la pluma de este puñal mojado con mi propia sangre como sello de testimonio de lo que he declarado. Prometo que daré mi voto siempre a favor de la Compañía de Jesús. Todo yo lo juro y declaro así sostenerlo y cumplirlo por la Bendita Trinidad y por este escrito que hoy recibo. *Tomado del libro *"¿Por qué colgué los hábitos?"*, Dé Ángel L. Soto (ex-sacerdote)

Si usted es un cristiano nacido de nuevo conocerá que este juramento es completamente inspirado por Lucifer y muestra su odio contra los cristianos.

Obedeciendo este juramento jesuita, tenemos a un Adam Weishaupt fundando una organización secreta basada en el ocultismo y que tomaría de fuentes paganas, egipcias, templarias, babilónicas, druidas y satánicas y las serviría a la masonería moderna y daría a beber a todos los gobiernos de la tierra. Serían los denominados "Iluminados" quienes por medio de sus logias y sociedades secretas influenciarían el resto de la edificación de la "nueva Torre de Babel". Por medio de esa organización se buscaría influenciar y dirigir diversidad de organizaciones, instituciones, agencias, corporaciones, bancos, religiones, fundaciones, sociedades, y grupos sociales de poder e influencia sobre las masas.

Luego de los jesuitas y los iluminados están aquellos que dicen ser las trece líneas de sangre satánica. Todos estos uniendo esfuerzos con el Comité de los 300 están por encima de grupos monetarios de trascendencia mundial como: la Reserva Federal de Estados Unidos, el Banco Central Europeo, el Fondo Monetario Internacional (F.M.I.), el Banco Mundial (B.M.), la Organización Mundial de Comercio (O.M.C.), el Banco Nacional Central, corporaciones multinacionales como: Exxon, Disney, Shell, Bayer, Hollywood, entre otras. Fundaciones como: Rockefeller, Nobel, entre otras, están uniendo esfuerzos en común. Son los pertenecientes a sociedades secretas los que a nivel internacional han ido manipulando la economía, la política y la religión, así como muchas otras áreas en la sociedad. Entre los pertenecientes a estas sociedades se encuentran grandes presidentes de Estados Unidos los cuales siguen las metas de los *Skulls and Bones*, Rosacruces, y masonería y logias de alto poder. Dentro de la pirámide de control mundial le siguen los grupos educativos que están siendo manipulados para los mismo fines, entre estos: Unión Mundial, grupos de paz mundial, Greenpeace, UNESCO, entro otros. Dentro de los grupos de inteligencia se encuentran: la C.I.A., N.S.A. (prog. Echelon) y el F.B.I. de Estados Unidos, la K.G.B. de Rusia, la MOSSAD de Israel, el BND de Alemania, el DGSE de Francia, la Inteligencia Británica MI 5-6, el partido comunista, los carteles de droga, la mafia organizada, FEMA (E.U.) y el servicio secreto de Pakistán. Dentro de los grupos religiosos se encuentra: el Opus Dei, el Al Quaeda, el movimiento Nueva Era, la iglesia católica romana, los papas y cardenales del Vaticano, la nación del Islam, el Hamas y Hesbollah, la iglesia unida, el Parlamento Mundial Religioso, los Consejos Mundial y Nacional de iglesias respectivamente. Como último tenemos los grupos políticos entre los cuales se encuentran: los líderes de gobiernos de las naciones, las Naciones Unidas (ONU), el grupo Bilderberg, la Comisión Trilateral, el Consejo de Relaciones Exteriores (C.R.E.), el Club de Roma, la Unión Europea (Comunidad Económica Europea), la Organización Trans Atlántico Norte (OTAN, NATO), la Mesa Redonda y los familiares reales de Europa.

Todos estos esfuerzos mundiales entregarán el poder político mundial a un líder que incorpore el sincretismo de ideas. Este líder que viene someterá a todos los pueblos en economía, religión, política y todas las facetas de los hombres. Pertenecer a este Nuevo Orden Mundial y ser marcado con el sello de su propiedad significa estar de acuerdo a las bases luciféricas que lo han construido y rechazar el sello de Dios para recibir el sello de Lucifer.

Camaleones, jesuitas y masones

El camaleón es aquel pequeño reptil que tiene la característica de cambiar de color. Al igual que los camaleones, existen personas enviados del Vaticano y de parte de las sociedades y grupos políticos quienes trabajan para el Nuevo Orden del anticristo que vienen a introducirse dentro de las iglesias de maneras astutas.

Charles Taze Rusell no era cristiano sino que era masón. El dios de la masonería es Bafomet y no

Jesucristo. Ellos buscan edificar el Nuevo Orden Mundial. Por eso encontramos que Charles Taze Rusell distorsiona tanto la Biblia para darle paso a la glorificación de un falso mesías que no es el Cristo bíblico sino uno extraño.

"Y no es maravilla, porque el mismo Satanás se disfraza como ángel de luz. Así que, no es extraño si también sus ministros se disfrazan como ministros de justicia; cuyo fin será conforme a sus obras".

—II Corintios 11:14-15

Capítulo 13

80 años después de C. T. Rusell

En 1852 nació Charles Taze Rusell el fundador del grupo que todavía no exhibía el nombre moderno "Testigos de Jehová". Es de Rusell que proceden los "estudios suplementarios" que prevalecen en las enseñanzas de esta secta, los llamados *"Studies in the Scriptures"* (Estudios sobre la Escritura). (*¿Cuál camino?* Luisa J. De Walker. Editorial Vida 1968. Miami Florida.) Rusell soberbiamente afirma que no se puede leer la Biblia sola, sino que tiene que ir acompañada de sus notas para que pueda ser comprendida e interpretada correctamente. ¿Acaso no es la misma artimaña que usan todas las sectas para imponer su doctrina sobre sus laicos? Esa es la astuta manera de arrinconar la Biblia para darle paso a las ideas personales de un líder que serían impuestas como cosa sagrada.

Rusell el fundador de la secta

Siendo que la historia de Rusell ha sido expuesta públicamente y se han escritos muchos libros que desenmascaran los errores doctrinales de las enseñanzas de los TDJ e incluso su escandalosa vida privada fue expuesta en cortes de Estados Unidos, existe la intención de la secta de querer desligarse por conveniencia de su fundador. Cuando usted le pregunta a los "Testigos de Jehová" sobre el origen de su doctrina, ellos afirmarán que sus huellas no surgen de Rusell sino de la iglesia primitiva. Con esta excusa pretenden que se ignore su verdadero origen. La aseveración: "No tenemos nada que ver con Rusell y sus doctrinas". Si usted le pregunta a los TDJ (Testigos de Jehová) si ellos fueron fundados por Charles Taze Rusell, ellos afirmarán que no es cierto y que sus doctrinas no dependen de sus ideas sino que son totalmente independientes y desligadas de ese individuo. Sin embargo, les puede preguntar el porqué tienen como doctrina que "Cristo vino en 1914". Dicha "doctrina" es una de las ideas de Rusell y sigue siendo enseñada al igual que muchas otras invenciones posteriores. (Ibid. Pág. 201)

La tragedia de esa secta es que sus doctrinas no poseen una base firme. La Biblia que ellos usan no concuerda con las versiones fieles al texto bíblico. A todo esto, Rusell afirmó en corte no saber absolutamente nada del griego, en cual se escribió el Nuevo Testamento. (Ibid. Pág. 204) Por lo contrario, cuando usted le pregunta al respecto, ellos tienden a irse a la defensiva y afirmar que la versión que ellos usan es igual de fiel al texto que las otras versiones existentes.

En los temas que siguen iremos estudiando las diversas alteraciones que posee la Biblia que ellos usan y como afecta el resto de la doctrina, creando una secta extraña.

☛ ¿Estaba calificado Charles Taze Rusell para hacer una exégesis y hermenéutica responsable de las Escrituras?

¡Claro que no! Los textos sagrados fueron elaborados en la antigüedad con sumo cuidado y exactitud. En tiempos bíblicos se establecieron escribas, copistas, escritores, y personas diestras que conociendo bien el lenguaje y elaboraban los escritos originales con sumo cuidado y reverencia.

Lo que la mayoría de los "Testigos de Jehová" de hoy desconocen e ignoran, es que sus doctrinas de fe se basan en una base de falta de crédito, responsabilidad y seriedad del autor. Sobre esa desacreditada "base" es que se pretende basar todo el edificio doctrinal de la secta. (Ibid. Pág. 199) De esta manera van difundiendo casa por casa un evangelio diferente, opuesto al evangelio de la Biblia.

Veamos algunos datos trascendentales en el desarrollo de esta secta:

☞ **Algunas fechas de la cronología de la secta**:

• En 1852 nace Charles Taze Rusell

• En 1884 marca el principio de la organización usando el nombre "Sociedad de la Torre de Vigía de Sión" (Sociedad de Tratados de la Torre del Vigía)

• En 1931 el juez J.F. Rutherford bautizó la secta como "Testigos de Jehová"

• En 1942 Nathan Homer Knorr ocupóel lugar del tercer presidente.

• En 1950 publicaron su versión de la Biblia diferente. (Los "traductores son anónimos") Llamada "La traducción del nuevo mundo)(Del griego y hebreo)

• Fredrick William Franz preside la secta en 1977

- 1992 Milton Henshel es electo presidente.

- Aldea Adams sucedió a Milton G. Henschel en el año 2000

☞   **Algunos de los nombres que ha tenido la secta son:**

- Dawnistas (seguidores de Dawn) [Millennial Dawn Bible Study]
- Mileniales
- Estudiantes internacionales de la Biblia (Asociación Internacional de Estudiantes de la Biblia).
- Reino Teocrático
- Púlpito del Pueblo
- Aurora milenial
- Sociedad Bíblica y de Tratados de la Torre del Vigía.
- Ruselistas (Russelismo)
- Testigos de Jehová. (Ibid. Pág. 200)

Hasta hoy, han difundido su secta en más de 200 países del mundo. El motor de la difusión de su mensaje es que le hacen creer a sus laicos que su salvación depende de las "obras" en la tierra. En específico, del obrar para traer adeptos a su secta y difundir su literatura. Esto les brinda dentro del grupo ciertos niveles de reconocimiento. Sin embargo, no deja de ser un evangelio extraño y contaminado.

"Mas si aun nosotros, o un ángel del cielo, os anunciare otro evangelio diferente del que os hemos anunciado, sea anatema. Como antes hemos dicho, también ahora lo repito: Si alguno os predica diferente evangelio del que habéis recibido, sea anatema".
—Gálatas 1:8-9

Capítulo 14

¿Fundamentos de piedra o de arena?

La única alternativa que tiene la sociedad para escapar de las garras de la falsa religiosidad es edificar su vida y devoción a Dios sobre la roca firme, Jesucristo. El Señor hizo la comparación de la casa sobre la roca y la casa sobre la arena. Nos dice en Mateo:

"Cualquiera, pues, que me oye estas palabras, y las hace, le compararé a un hombre prudente, que edificó su casa sobre la roca. Descendió lluvia, y vinieron ríos, y soplaron vientos, y golpearon contra aquella casa; y no cayó, porque estaba fundada sobre la roca. Pero cualquiera que me oye estas palabras y no las hace, le compararé a un hombre insensato, que edificó su casa sobre la arena; y descendió lluvia, y vinieron ríos, y soplaron vientos, y dieron con ímpetu contra aquella casa; y cayó, y fue grande su ruina..." (Mateo 7:24-29)

Dios espera que antes que el hombre edifique todas las plataformas que componen una sociedad, las cuales son: la educación, el gobierno, las leyes, el comercio, la comunicación y la religión; el hombre tiene que ser edificado primeramente sobre la roca que es Dios.

Un hombre que no edifique su vida sobre la roca que es Cristo, entonces es vulnerable a aceptar toda clase de desviaciones en las demás plataformas. Lo primero que el hombre tiene que edificar es su propio corazón. Es del corazón que puede emanar la vida y de donde el hombre saca todas las demás cosas.

Por medio de este capítulo estudiaremos si la secta de los TDJ (Testigos de Jehová) se basa en la roca o se basa en la arena. Será el lector quien tendrá la decisión final.

La Biblia torcida

No, no se deje impresionar por la apariencia de la literatura que difunden las sectas. Estas pueden llegar a sus manos de formas muy llamativas, llenas de bonitas láminas planeadas de antemano para captar su atención. A menudo, presentan el cuadro o dibujo de la Sagrada Biblia resplandeciendo en la carátula de alguno de sus libros. Esto le hará pensar que tiene en sus manos una literatura que va de acuerdo a la misma. Sin embargo, ¡cuidado! No todo lo que brilla es oro.

La advertencia de Pedro

En toda la Biblia encontramos diversas advertencias y alertas que pretenden prevenirnos sobre personas inescrupulosas que tienden a jugar con las cosas sagradas. Muchos de los Testigos de Jehová son personas que han sido adoctrinadas en el error y son dignos de misericordia. Por otro lado, tenemos líderes de la secta que conocen toda la verdad y poseen planes de mantener la gente presa del engaño. Tanto los engañados, como los engañadores tienen el mismo destino. Por eso es la importancia de cuidar de la doctrina. Se nos dice en II Pedro 3:16:

"...casi en todas sus epístolas, hablando en ellas de estas cosas; entre las cuales hay algunas difíciles

de entender, las cuales los indoctos e inconstantes tuercen, como también las otras Escrituras, para su propia perdición".

El enemigo de las armas tiene por costumbre tergiversar las palabras de Dios. De la misma manera tiene gente en esta tierra que realiza la misma labor, para su propia perdición.

En Mateo capítulo cuatro se registra la historia sobre el momento cuando Lucifer pretendió tentar al Cristo. La manera que usó fue el enfocarse sobre la necesidad del hombre y sacar textos fuera de su contexto para lograr sus designios. Los designios de Lucifer es desplazar a Dios para colocarse él como objeto de culto. (Mateo 4)

El diablo conoce que es por medio de la Palabra de Dios que se fundamenta todo. En cambio, tuerce las Escrituras para que las personas fallen al blanco de la fe. Cuando estas sectas tocan puerta a puerta por las casas se presentan con literatura que tienen emblemas y dibujos de lo que se supone sea la Palabra de Dios. Cualquier persona sedienta de Dios y que se deje llevar por la apariencia y presentación de estos libros puede llegar a pensar que se trata de una doctrina correcta y verdadera si solo toma en cuenta la carátula que expone un retrato de la Santa Biblia en esos libros. Ahora bien, ¿qué hay detrás de esa apariencia bonita? En nuestro estudio iremos a profundidad y analizaremos el trasfondo y las enseñanzas que comenzaron con Charles Taze Rusell y que siguen hoy siendo servidas a los feligreses de esa secta como si fuera "Palabra de Dios".

Las primeras preguntas

Existe una serie de preguntas que debemos hacernos antes de decidir entrar en un grupo religioso, denominación o secta, ya que existe en la sociedad multitudes de grupos o denominaciones deseosos de aumentar sus filas y crecer a nivel mundial. El que exista un grupo grande de seguidores no significa que sea doctrinalmente correcto.

☛ ¿Cuál es el trasfondo histórico de la secta TDJ?

El trasfondo histórico lo encontrará en las fuentes externas e internas de la secta. Usted no debe caer en la trampa de pensar que las fuentes de información internas son la verdad absoluta que existe para informarse de la historia, doctrinas y prácticas de una secta. Ya que en los escritos internos muchas de ellas eliminan las cosas oscuras para presentarle el plato agradable a todos aquellos que tienen como blanco de adoctrinamiento. Una secta oscura tratará de esconder o excusar toda falta de su parte para imponerse sobre sus víctimas.

La secta que estudiamos en cuestión es la denominada "Testigos de Jehová" Y nos referiremos a ella por medio de las iniciales "TDJ". Ya hemos dicho que se trata de un grupo que nace del señor

Charles Taze Rusell. Fue en 1852 que Rusell nació y fue él quien elaboró los estudios suplementarios sobre la Biblia. Estos estudios suplementarios pretendían ser alguna clase de comentario bíblico exegético y de hermenéutica para darle a entender a otros lo que Rusell entendía dice la Biblia. (Vea: Blanca, Francisco. *El Texto Griego del N.T. y el Nuevo Mundo de las Sagradas Escrituras*, 1987; "I*s the President of Jehovah's Witnesses 'In the Truth'*", Personal Freedom Outreach, P.O. Box 26062 , St. Louis, MO. 63136; Dr. Julius Robert Mantey, "*A Grossly Misleading Translation*"; Ian Croft "*The New World Translation of the Holy Scriptures*". Bethel Ministries, Vol.7, Sept. 1988; "*What Greek Scholars Really Think About the New World Translation*", Help Jesus Ministry, Kelowna, B.C. Canada.)

En otras palabras, él comenzó a utilizar la Biblia para crear su propia interpretación de la Biblia. Como si fuera poco, Rusell no se quedó en una simple interpretación de la Biblia, sino que sus escritos vinieron a usurpar el lugar de la Palabra de Dios. Tanto fue el énfasis sobre los escritos de Rusell que su grupo elaboraría una nueva Biblia que concordara con lo que él enseñaba. Cuando hubiera asperezas entre las enseñanzas de Rusell y la Biblia original, ellos se encargarían de retocar y torcer los textos para que a su entender armonizara con las nuevas ideas. Sin embargo, sus reclamos siempre serían la excusa de que la Biblia debía ser traducida "correctamente", y obviamente reclamarían ser la traducción correcta e ignorar las demás. Por un lado dicen los TDJ que su Biblia concuerda totalmente con las otras versiones, pero no es cierto. Cuando usted hace un estudio paralelo de la nueva y diferente Biblia que ellos crearon cambia totalmente la doctrina. En especial, sustituyen las referencias a Jesucristo y lo reducen a un mero hombre o un dios muy inferior al Padre, restándole todo reclamo de deidad. En este sentido, los TDJ pasaron a ser anticristianos al rechazar la deidad del Cristo.

☛ ¿De qué estamos hablando?

Esto no se trata de un pastor que lee la Biblia en una congregación y brinda meramente una interpretación de algún pasaje bíblico. De lo que estamos hablando aquí es de una persona que crea su propia versión de la Biblia. Si usted lee la Biblia de la secta TDJ se dará cuenta que ellos no poseen una Biblia semejante a la *"Nueva Versión Internacional"*, *"La Reina Valera*-1858, 1909, 1960 y 1995*","Castillian", "Biblia de las Américas"*, o alguna de las muchas versiones que guardan la sana doctrina. Sino que ellos hicieron su propia versión denominada *"Traducción del Nuevo Mundo"* (Tanto del griego como del hebreo).

Veamos un ejemplo tomando en consideración el texto de Juan Capítulo 1, verso 1. A continuación les presento la manera como se traduce un mismo verso por diferentes versiones de la Biblia. Al final compararemos estos diez ejemplos con la versión que usan los TDJ:

"En el principio era el Verbo, y el Verbo era con Dios, y el Verbo era Dios". (Versión Reina Valera 1960 de la Biblia)

"En el principio ya existía el Verbo, y el Verbo estaba con Dios, y el Verbo era Dios". (Nueva Versión
Internacional)

"En el principio existía el Verbo, y el Verbo estaba con Dios, y el Verbo era Dios". (Biblia de las Américas)

"En el principio de todas las cosas era la Palabra, y la Palabra estaba con Dios y la Palabra era Dios". (Castilian)

"Antes de que todo comenzara ya existía aquel que es la Palabra. La Palabra estaba con Dios, y era Dios". (Biblia en lenguaje sencillo)

"En el principio [ya] era el Verbo, y el Verbo era con Dios, y el Verbo era Dios". (Reina Valera 1858)

"En el principio ya era la Palabra, y aquel que es la Palabra era con el Dios, y la Palabra era Dios". (Sagradas Escrituras 1569)

"In the beginning was the Word, and the Word was with God, and the Word was God". (New American Standard Bible)

"In principio erat Verbum, et Verbum erat apud Deum, et Deus erat Verbum". (Nova Vulgata Latina)

Εν αρχη ητο ο Λογος, και ο Λογος ητο παρα τω Θεω, και Θεος ητο ο Λογος."(Griego)

☞ Ahora veamos lo que dice la traducción del Nuevo Mundo de las Sagradas Escrituras que usan los TDJ:

"En el principio, la Palabra era, y la Palabra estaba con Dios, y la Palabra era un dios" –Juan 1:1 **(Versión del Nuevo Mundo de las Sagradas Escrituras de los TDJ**, 1987)

*Vea como esta última cambia el sentido de la Biblia colocando a Dios el Hijo (La Palabra) con "d" minúscula en vez de "D" mayúscula. Esto no concuerda con ninguna de las otras traducciones.

Cuando usted compara paralelamente las Biblias cristianas aceptables como los son las primeras mencionadas, notará que a pesar de ser versiones diferentes todas concuerdan en la sana doctrina. O sea que por más que varíe el texto o la manera de traducir los pasajes todas se mantienen firmes en su significado. En cambio, ese no es el caso de la denominada "versión del Nuevo Mundo" de los TDJ. Ellos han elaborado una Biblia completamente diferente a todas las demás. La base de su "exégesis" y de su "hermenéutica" lo son los escritos de sus líderes, empezando por Charles Taze Rusell.

Notemos que en ese simple ejemplo, pretenden reducir la deidad del Cristo y colocarlo a un dios inferior en deidad.

Debemos preguntarnos, ¿tenía Charles Taze Rusell el conocimiento del griego necesario para hacer cambios al texto griego y elaborar doctrinas? ¿Puede una secta entregar su confianza de la totalidad de las Escrituras a un hombre que no poseía las herramientas para hacer un estudio serio de la Escritura?

☛ ¿Estaba cualificado y calificado Charles Taze Rusell para elaborar una traducción responsable de la Sagrada Biblia?

Algunos eruditos se han expresado sobre la versión del Nuevo Mundo de la secta TDJ:

"Una sorprendente mala traducción". "Obsoleta e incorrecta", "No es ni erudito ni razonable traducir Juan 1:1 como: 'La palabra era un dios'."

—Dr. J.R. Mantey

"El modo en que está secta tuerce deliberadamente la verdad se puede ver en sus traducciones del Nuevo Testamento. Juan 1:1 es traducido: "la Palabra era un dios". Una traducción que es gramaticalmente imposible. Es abundantemente claro que una secta que traduce el Nuevo Testamento de esta manera carece de honradez desde el punto de vista intelectual."

—Dr. William Barclay
(Universidad de Glasgow, Escocia)

"Una horriblemente mala traducción..." "errónea", "perniciosa..." "represible". "Si los Testigos de Jehová toman esta traducción en serio, son politeístas."

—Dr. Bruce M. Metzger de la Universidad de Princeton
(profesor de Lenguaje y Literatura del Nuevo Testamento)

"Esta construcción anártrica (usada sin el artículo) no tiene el mismo significado que el artículo indefinido "un" tiene en ingles. Es algo monstruoso traducir esta frase como 'la Palabra era un dios'."

—Dr. Samuel J. Mikolasky de Zurich, Suiza

☞ ¿Estaba cualificado y calificado Charles Taze Rusell como para que la versión del Nuevo Mundo fuera basada sobre sus traducciones bíblicas?

Antes de que usted adquiera una Biblia debe asegurarse que lo que se le está brindando es de credibilidad, aceptación y respeto de acuerdo a las leyes que se le imponen a todas las traducciones de la Biblia. Tanto en tiempos antiguos como en el presente existían y existen reglas a obedecer. ¿Cuánto más serán aplicables a la Sagrada Palabra de Dios? Sin embargo, el cien por ciento de las personas que se han hecho laicos de la secta de los TDJ se han adoctrinado sin educarse en este aspecto. Han tomado su literatura y la han absorbido como esponjas y se han hecho difusores de una herejía de origen masónico. Ya hemos dicho que la masonería tiene una cara social muy diferente a lo que realmente es. El ídolo que la masonería adora es Bafomet y contrasta con el Dios cristiano. ¿Cuánto interés tienen los adoradores de los demonios de tergiversar la Biblia de la misma manera que lo hizo Lucifer frente a frente con Cristo? De seguro Lucifer tiene su gente en la tierra quienes tienen como labor torcer la Biblia para obstaculizar el desarrollo de la iglesia y buscar destruirla.

La Biblia es un compendio de más de cuarenta autores diferentes, de diferentes ocupaciones y escrito en continentes como Europa, Asia y África. Los lenguajes escritos en la Biblia son el Griego, Hebreo y Arameo. Pese a la diversidad de escritores que tiene la Biblia, todos escribieron de un mismo tema, "la salvación del hombre por medio de Jesucristo quien vino por los judíos". Cada uno de esos sesenta y seis libros fueron elaborados con gran reverencia y respeto a la Palabra de Dios. Ninguno de los celosos de la literatura bíblica hubiera permitido que un indocto, neófito o ignorante adulterara las Santas Escrituras de ninguna manera. Sin embargo, en estos tiempos modernos tenemos personas que se han atrevido a tergiversar el contenido de la Biblia. Luego la imponen sobre los laicos como si se tratara de la Palabra de Dios.

La secta de los Testigos de Jehová basa gran parte, sino toda, sus doctrinas en las interpretaciones erradas de un hombre que no conocía griego. Una persona que no conoce griego no está cualificada para elaborar una traducción acreditada o aceptable. Esto no se trata de un hombre que lea la Biblia en inglés y la interprete en ese mismo idioma. Se trata de un hombre que sin conocer "ni jota" de griego le fue dado el lugar dentro de esa secta como capaz de interpretar la Biblia y formar doctrinas para dirigir la fe de sus adeptos. Charles Taze Rusell, declaró en corte no saber griego:

"En Junio de 1912 el Rvdo. J.J. Ross, un pastor bautista de Hamilton, Ontario, censuró a Russell en

un folleto... En seguida Russell demandó a Ross. Al declarar, Rusell fue atrapado en una mentira. Se le preguntó si sabía griego, el idioma original del Nuevo Testamento. Sí contestó, pero cuando se le pidió que leyese unas cartas griegas, admitió que no había dicho la verdad. Russell había pretendido ser un pastor ordenado pero bajo juramento admitió que nunca había sido ordenado. Este perjurio premeditado refleja mal al hombre que clamó tener la única interpretación correcta de la Palabra de Dios". (La Nueva Encyclopaedia Britannica, Macropaedia, Volumen 10. 15th Edition. "Jehovah's Witnesses" (pages 131-132).

Eso significa que no era capaz de elaborar ninguna clase de traducciones del texto griego. Sin embargo, fue él quien sentó las bases para una Biblia trastocada y diferente. Esa Biblia trastocada y diferente da lugar a toda clase de desviaciones de la sana doctrina. Usted puede encontrarse a una persona que es presa de esta secta y tratar de escudriñar algún tema bíblico y se encontrará gente que dejándose llevar por una versión errada creen cosas erradas, pensando que están correctos.

Una fila de ciegos que va rumbo al hoyo

Jesús dijo que existe gente que son ciegos dirigiendo a otros ciegos cuyo lugar es el hoyo. Si usted piensa seriamente de este tema. Puede identificar varias cosas:

Un hombre llamado Charles Taze Rusell:

- Fundó de un grupo que posteriormente se convertiría en una secta.
- Afirmaba ser pastor sin ser ordenado como ministro.
- Sentó las bases para una traducción bíblica sin considerar que no sabía el idioma o la lengua original de la cual se supone que se hiciera la traducción.
- Fue señalado por diversos aspectos legales y de fraude.
- Logro que millones de personas pusieran su fe en una versión errada de la Sagrada Biblia.

Si usted se considera una persona seria y realmente respeta su relación con Dios debe considerar toda la verdad antes de entregar su confianza a una secta como esta.

☛ ¿Qué se necesita para hacer una traducción del griego?

Lo que usted necesita para hacer una traducción del griego a cualquier idioma es primeramente, saber griego. Saber todo lo concerniente a las reglas gramaticales y sus aplicaciones. Estar al tanto de todas las leyes que rigen esa lengua. Si usted desconoce todas esas reglas que rigen el lenguaje, entonces simplemente usted está descalificado para elaborar traducciones fieles a la Palabra de Dios.

☞ ¿Entregaría usted sus esfuerzos a una secta que está basada en la arena y no en la roca?

¡Claro que no!, conociendo el trasfondo histórico de la secta, podemos decir inteligentemente que no es un terreno saludable para depositar nuestra fe.

☞ ¿Cuál es la escuela del ciego?

El ciego es aquel que no puede ver. Sin embargo, según las palabras de Jesús, hay ciegos que dirigen a otros ciegos. El camino de todos ellos es el hoyo. De esta manera, tenemos a un líder del primer grupo de los Testigos de Jehová totalmente descalificado, pero que ahora logró crear una escuela de la cual saldría la secta. Sin saber nada del idioma original del Nuevo Testamento, formuló doctrinas y dogmas que la secta sigue hoy día.

Algunos de ustedes dirán, pero ¿porqué entrar en discusiones sobre la Biblia cuando ya de antemano sabemos que el sujeto en cuestión es inaceptable como "pastor" y "teólogo" o está totalmente descalificado para sentar las bases de una nueva Biblia. Usted tiene razón, no hay necesidad de discutir sobre algo que está sumamente claro.

Si usted sabe de antemano que un indocto fue el responsable de una versión tergiversada de la Biblia, usted no la seguiría ni la creería. Sin embargo, ese no es el caso de mucha gente que está atrapada en esa secta.

Recuerde, ninguna de esas doctrinas TDJ se sostienen con las versiones bíblicas serias, pero sí con la versión trastocada y tergiversada que ellos convenientemente han elaborado basándose en el gran desconocedor del griego Charles Taze Rusell.

"...si el profeta hablare en nombre de Jehová, y no se cumpliere lo que dijo, ni aconteciere, es palabra que Jehová no ha hablado; con presunción la habló el tal profeta; no tengas temor de él".

—Deuteronomio 18:22

Capítulo 15

Falsas profecías hechas por Rusell

Una de las cosas que Dios aborrece lo es la falsa profecía. Tanto en el Antiguo Testamento como en el nuevo se advierte sobre el juicio de Dios para aquellos que fungen como profetas de Dios sin serlo. Se nos dice:

"...si el profeta hablare en nombre de Jehová, y no se cumpliere lo que dijo, ni aconteciere, es

palabra que Jehová no ha hablado; con presunción la habló el tal profeta; no tengas temor de él". (Deuteronomio 18:22-23)

Si usted lee los versos anteriores, los versos 20-23 se dará cuenta que bajo la ley de Moisés se dicta sentencia de muerte para todo aquel que usurpe la posición de profeta de Dios y descarrile al pueblo. Obviamente no estamos en la ley de Moisés en este tiempo, sin embargo, los falsos profetas siguen siendo censurables. No estamos hablando hoy de hacer lo que se hacía en la ley de Moisés sino que el llamado hoy es a no seguirlos, no escucharlos, descartarlos como profetas y llamarlos a arrepentimiento.

Un falso profeta es aquella persona que le habla al pueblo en nombre de Dios y no se cumplen sus palabras. Charles Taze Rusell cumple todas las características de un falso profeta.

Algunas de sus falsedades y que a su vez fueron repetidas por los líderes posteriores de los Testigos de Jehová fueron:

• En 1914 culminaría el tiempo de los gentiles.
• En 1915 todos los gobiernos actuales serían derribados.
• Las iglesias cristianas serían destruidas en 1914.
• En 1915 comenzaría la guerra profetizada en la Biblia llamada "Armagedón".
• La iglesia católica culminaría en 1914.

- El 1914 representaba el fin de los gobiernos, escuelas, bancos, e iglesias.
- Identificaron el 1914 como el año donde pasaría el orden social y político. El denominado "fin del mundo".

Ante la falta de verdad en sus palabras, postergaron todas las fechas al quedar ridiculizados por la falta de cumplimiento. Los sucesores de Charles Taze Rusell vinieron a avalar las falsas profecías y a continuar el cambio de fechas y falsas expectativas. Sin duda alguna arrastrando multitudes al error teológico y al rechazo a Dios.

Cuando usted trata de abrirles los ojos a las víctimas de los Testigos de Jehová ellos afirman cosas como: *"errores los cometemos todos", "somos humanos, los humanos fallamos"*. Esto es muy cierto, nosotros como humanos tendemos a fallar, sin embargo, de lo que estamos hablando aquí es de no entregarle nuestra fe a esos "humanos que fallan". Por ejemplo, los Testigos de Jehová siguen la versión trastocada y diferente que el falso profeta Charles Taze Rusell les elaboró. Por un lado afirman que los hombres fallan, pero por otro lado afirman que la Biblia diferente que Rusell les ha dado es la versión aceptable de las Escrituras cuando está probado que es muy diferente a las versiones de la Biblia de sana doctrina como Reina Valera, Biblia de las Américas, Las Sagradas Escrituras, entre otras.

"Ten cuidado de ti mismo y de la doctrina; persiste en ello, pues haciendo esto, te salvarás a ti mismo y a los que te oyeren".
—I Timoteo 4:16

Capítulo 16

Cuerpo de creencias de la secta TDJ

Las siguientes son algunas doctrinas proclamadas de los TDJ concluidas a partir de su versión diferente de la Biblia y basadas en los escritos de Rusell. Contrastan con la fe de los evangélicos:

• Jesús era sólo un hombre perfecto pero no era Dios encarnado.

• No hay trinidad

• Jesús no resucitó con cuerpo físico sino solo espiritual.

• El Espíritu Santo es solo una fuerza impersonal de Dios, no una persona.

• Jesús era un ángel convertido en hombre.

• Jesús retornó a la tierra de manera invisible en 1914.

• Solamente 144,000 Testigos de Jehová irán al cielo, los otros estarán en la tierra.

• Sólo los miembros de su organización serán salvos.

• No existe el infierno.

• Las transfusiones de sangre son pecado.

• La cruz es un símbolo pagano que no debe ser utilizado.

• Las buenas obras (el servicio que ellos hacen en su secta) son necesarias para la salvación.

• El alma deja de existir cuando el hombre muere.

• Afirman ser "el profeta de Dios".

• Afirman que ellos tienen la verdad de Dios.

• No pueden participar en elecciones políticas, saludar la bandera, cantar el himno nacional.

• Creen que la Biblia es la Palabra de Dios. Pero no cualquier Biblia, sino la trastocada por sus líderes.

• El nombre de Dios es Jehová

• Cristo fue la primera creación de Dios

• Los malos serán aniquilados para siempre.

• Las oraciones solo van dirigidas a Jehová y no a Cristo, ya que Cristo es solo el medio según ellos.

• No debe haber una clase clerical ni deben usarse títulos especiales

• El bautismo por inmersión completa simboliza la dedicación a Dios.

• Le prohíben a sus víctimas leer o informarse de los estudios investigativos que se hacen de su secta.

En el siguiente capítulo veremos la evidencia bíblica que refuta las herejías de Charles Taze Rusell y el conglomerado de añadiduras posteriores que le hicieron a la secta.

"Cualquiera que se extravía, y no persevera en la doctrina de Cristo, no tiene a Dios; el que persevera en la doctrina de Cristo, ése sí tiene al Padre y al Hijo".

—II Juan 1:9

Capítulo 17

Refutación de falacias a la TDJ

Estas primeras dos doctrinas de los TDJ atacan la misma divinidad de Jesucristo:

La Doctrina de los TDJ dice: *"Jesús era sólo un hombre perfecto pero no era Dios encarnado. Jesucristo es un dios inferior al Padre".*

De la misma manera la próxima "doctrina" niega la trinidad.

La Doctrina de los TDJ dice: *"No hay trinidad"*

Refutación bíblica: La Biblia no solo asegura que Jesucristo es Dios sino que también comparte todos sus atributos. Estudie por usted mismo los siguientes textos referentes a Jesucristo, el Padre y el Espíritu Santo:

Creador:

- El Padre es Creador (Isaías Cap. 43, verso 15)
- El Hijo es Creador (Colosenses Cap. 1, verso 16)
- El Espíritu Santo es Creador (Salmos Cap. 104, verso 30)

Dios:

- El Padre es Dios (Génesis Cap. 1, verso 1)
- El Hijo es Dios (Juan Cap. 1, verso 1)
- Dios es Espíritu (Juan Cap. 4, verso 24)

Un solo Espíritu:

- El espíritu de Cristo (Filipenses Cap. 1, verso 19)
- El espíritu de Jehová (Joel Cap. 2, verso 28)
- El espíritu de Dios (Hechos Cap. 2, verso 38)

Los TDJ no comprenden la trinidad. Ellos piensan que la única deidad suprema es el Padre. Luego disminuyen a Cristo a un ser inferior y al Espíritu Santo como una mera fuerza. De esta manera piensan que aquel que adora a Jesucristo se convierte en un idólatra. Ellos rechazan el que se le ore a Jesús, ya que lo han convertido en un dios inferior.

Entendiendo la trinidad

Lo que los TDJ niegan es que existe un Dios supremo que se ha dado a conocer en tres personas diferentes. Dios es una morada mutua de tres personas (Padre, Hijo y Espíritu Santo). No existe en los cielos tres dioses sino solo uno. La única deidad es el Dios que se da a conocer como YHWH (Yavé). Ese nombre significa "YO SOY". Ese único y singular nombre es compartido por el Padre, Hijo y Espíritu Santo. El error de los Testigos de Jehová es pretender reducir la igualdad en deidad de dos de los componentes de la misma, es decir, ellos reducen al Espíritu Santo a una fuerza y al Hijo de Dios a un dios inferior. De esta manera, tuercen el significado de la trinidad y deshonran al Hijo de Dios.

La siguiente tabla nos muestra que Dios es una morada mutua del Padre, Hijo y Espíritu Santo. Las tres personas son co-iguales en atributos, dignidad y divinidad. El Dios digno de adoración es el Padre, Hijo y Espíritu Santo. (Vea la página 93)

Atributo	Padre	Hijo	Espíritu
Creador	Isaías 64:8 Isaías 44:24	Juan 1:3 Colosenses 1: 5 al 17	Job 33:4 Job 26:13
Hace resucitar	1ra Tesalonicenses 1:10	Juan 2:19 Juan 10:17	Romanos 8:11
Mora dentro	2da Corintios 6:16	Colosenses 1:27	Juan 14:17
Omnipresente	1ra de Reyes 8:27	Mateo 28:20	Salmos 139: 7 al 10
Omnisciente	1ra de Juan 3 :20	Juan 16: 30 Juan 21:17	1ra Corintios 2:10
Santifica	1ra Tesalonicenses 5:23	Hebreos 2:11	1ra de Pedro 1:2
Da vida	Génesis 2:7 Juan 5:21	Juan 1:3 Juan 5:21	Juan 6:63
Confraterniza	1ra de Juan 1:3	1ra Corintios 1:9	2da Corintios 13:14
Es eterno	Salmos 90:2	Miqueas. 5: 1 y 2	Hebreos 9:14
Tiene voluntad	Lucas 22:42	Lucas 5:20 Lucas 7:48	Hechos 8:29 Hechos 11:12
Habla	Mateo 3:17	Lucas 5:20 Lucas 7:48	Hechos 8:29 Hechos 11:12
Ama	Juan 3:16	Efesios 5:25	Romanos 15:30
Ve el corazón	Jeremías 17:10	Apocalipsis 2:23	1ra Corintios 2:10

La evidencia bíblica de la anterior tabla comprueba que el único Dios de la Biblia es un plural de tres personas que cohabitan en una misma morada, como única e indivisible deidad. Aquel que pretende honrar al Padre tiene que honrar primero al Hijo:

"Porque el Padre a nadie juzga, sino que todo el juicio dio al Hijo, para que todos honren al Hijo como honran al Padre. El que no honra al Hijo, no honra al Padre que le envió. De cierto, de cierto os digo: El que oye mi palabra, y cree al que me envió, tiene vida eterna; y no vendrá a condenación, mas ha pasado de muerte a vida". (Juan 5:22-23)

Habrá quien diga, "Jesucristo es solo un medio por el cual llegar al Padre", sin embargo, el Cristo es algo más que un medio, él es todo Dios. Jesucristo vino para ser recibido, adorado, abrazado, amado, glorificado y exaltado de la misma manera que el Padre. Solo así se glorifica al Padre, cuando honramos al Hijo de igual forma.

La Doctrina de los TDJ dice: *"Jesús no resucitó con cuerpo físico sino solo espiritual"*

Refutación bíblica:

"Luego dijo a Tomás: Pon aquí tu dedo, y mira mis manos; y acerca tu mano, y métela en mi

costado; y no seas incrédulo, sino creyente. Entonces Tomás respondió y le dijo: !!Señor mío, y Dios mío! Jesús le dijo: Porque me has visto, Tomás, creíste; bienaventurados los que no vieron, y creyeron". (Juan 20:27-29)

El cuerpo en el que Cristo resucitó fue el mismo que fue llevado a la cruz. Jesucristo aún hoy posee en su cuerpo las marcas de los clavos. Debemos notar que el Jesucristo de Nazaret fue el mismo que se levantó de los muertos y no otro. Las falsas sectas tienden a hacer una diferencia entre el Cristo que murió y resucitó. En otras palabras, afirman que no se trata de una misma persona. Sin embargo la verdad bíblica es la siguiente:

- Dios hizo retornar el Espíritu al cuerpo de Jesús que yacía en la tumba.
- Ese cuerpo lastimado y poseyendo las marcas de los clavos fue el mismo cuerpo donde Jesús fue resucitado.
- Jesús le mostró a los discípulos que las llagas de la cruz permanecieron en su cuerpo luego de resucitar, aún hoy permanecen.
- Jesús es todo Dios y todo hombre.
- El nos hará resucitar en nuestros cuerpos nuevamente pero hará de ellos uno incorruptible.
- Jesús comió en su cuerpo físico luego de resucitar. (Lucas 24:36-43)

De la misma manera que Cristo resucito, él nos hará resucitar. Jesús quien es todo Dios, también es todo hombre. Jesús está en el cielo como hombre y como Dios. La Biblia nos dice que: *"la carne y la sangre no pueden heredar el reino de Dios, ni la corrupción hereda la incorrupción".* (I Corintios 15:50) pero está hablando de la naturaleza carnal necesitada de redención. Cuando el Cordero redentor aplica el poder de su sangre sobre los hombres nos hace dignos de entrar al cielo. El día de la resurrección Dios levantará nuestros cuerpos de la tierra y los unirá a los espíritus donde compareceremos ante el tribunal de Cristo. El hará que lo corruptible se vista de incorrupción.

La Doctrina de los TDJ dice: *"El Espíritu Santo es solo una fuerza impersonal de Dios".*

Refutación bíblica: El espíritu Santo habla, ama, consuela, y hace todo lo que Dios hace. (Vea: Job 33:4, Job 26:13, Romanos 8:11, Juan 14:17, Salmos 139: 7 al 10, 1ra Corintios 2:10, 1ra de Pedro 1:2, Juan 6:63, 2da Corintios 13:14, Hebreos 9:14, Hechos 8:29, Hechos 11:12, Hechos 8:29, Hechos 11:12, Hechos 8:29, Hechos 11:12, Romanos 15:30, 1ra Corintios 2:10)

La Doctrina de los TDJ dice: *"Jesús era un ángel convertido en hombre."*

Refutación bíblica: "En el principio era el verbo, y el verbo era con Dios y el Verbo era Dios..." (Juan 1.1; Hebreos 13:8). Ellos tergiversan la Biblia y le añaden "El Verbo era un dios", para hacer creer que Jesucristo es un dios inferior en deidad al Padre. La Biblia nos dice que Cristo es eterno y no un ser creado. El profeta Isaías nos dice que el fruto de la virgen era "Dios con nosotros" (Emanuel). No está hablando de "un dios inferior", sino del Dios todopoderoso. Dice:

"Por tanto, el Señor mismo os dará señal: He aquí que la virgen concebirá, y dará a luz un hijo, y llamará su nombre Emanuel (Dios con nosotros)." (Isaías 7:14)

Un poco más adelante, Isaías nos dice que el rey que vendría sería llamado "Dios Fuerte y Padre Eterno":

"Porque un niño nos es nacido, hijo nos es dado, y el principado sobre su hombro; y se llamará su nombre Admirable, Consejero, Dios Fuerte, Padre Eterno, Príncipe de Paz. Lo dilatado de su imperio y la paz no tendrán límite, sobre el trono de David y sobre su reino, disponiéndolo y confirmándolo en juicio y en justicia desde ahora y para siempre". (Isaías 9:6-7)

Se nos dice que la posición que tiene el hijo de Dios no se puede comparar a un simple ángel:

"Porque ¿a cuál de los ángeles dijo Dios jamás: Mi Hijo eres tú, Yo te he engendrado hoy, y otra vez: Yo seré a él Padre, Y él me será a mí hijo?". (Hebreos 1:5; Salmo 2:7)

La Doctrina de los TDJ dice: *"Jesús retornó a la tierra de manera invisible en 1914."*

Refutación bíblica: No existe prueba bíblica que apunte una fecha ni tampoco de un advenimiento invisible de Cristo a la tierra. Esto es solo un invento de los líderes de la secta para justificar sus errores doctrinales. Las características tanto del arrebatamiento así como de la Segunda Venida Visible está descrita en la Biblia. Si alguien le presenta un panorama diferente descártelo. Esta es la característica bíblica del arrebatamiento:

Una desaparición simultánea de todos los creyentes fieles. Dios desciende desde los cielos hasta las nubes y allí en las nubes congrega a su pueblo para llevarlos a las moradas del Padre. Los primeros que son arrebatados son los que habían ya muerto, luego los que estaban en la tierra vivos. (I Tesalonicenses 4:16-18)

• Se nos dice que Cristo vendría a la hora menos esperada y no a una hora anunciada. (Apocalipsis 3:3; Mateo 24: 27)

• Viene a buscar un pueblo para llevarlo a la morada de Dios. (Juan 14:2-4)

La falsedad del 1914 de los TDJ

En 1914 no existe una evidencia histórica de lo antes mencionado. En la Biblia se nos dice que el arrebatamiento de la iglesia es una hora no precisada. Por lo tanto Charles Taze Rusell y los líderes de los TDJ erraron al poner fecha al suceso.

Lo que precede al arrebatamiento de la iglesia lo es el desatar de grandes juicios sobre la tierra. Viene un sistema luciférico a reinar en la tierra mientras la iglesia está en los cielos. Dios pondrá fin al sistema luciférico en la tierra cuando regrese a la tierra con todos los santos que había arrebatado previamente. El día de la Segunda Venida Visible de Cristo será según la verdad bíblica:

• La venida visible del Hijo. (Apocalipsis 22:20)

• Jesucristo no viene solo sino que desciende junto con sus santos. (I Tesalonicenses 3:13)

• Viene con las nubes. (Apocalipsis 1:7)

• Viene con gran gloria. (Mateo 24:27)

• Todo el mundo lo ve. (Apocalipsis 1:7, Malaquías 4:2)

• Viene a gobernar con vara de hierro. (Apocalipsis 19:15)

• Jesucristo pone sus pies sobre el Monte de los Olivos. (Zacarías 14:4)

Según la verdad bíblica, es luego de la Segunda Visible de Jesucristo que comienza el milenio descrito en Biblia. Si usted analiza la evidencia bíblica, en 1914 no sucedió absolutamente nada que concuerde con la profecía de la venida de Jesús según lo enseñan los TDJ en su error doctrinal.

La Doctrina de los TDJ dice: *"Solamente 144,000 Testigos de Jehová irán al cielo, los otros estarán en la tierra."*

Refutación bíblica: Los 144,000 que habla la Biblia en Apocalipsis son judíos y tampoco puede aplicarse como un numero literal sino simbólico, es decir: 12 x 12 = 144, de esta forma, al hablar de la Nueva Jerusalén en su plenitud, se multiplican por miles o 12,000 x 12 = 144,000. Todo aquel que cree en Jesucristo va al cielo junto a él, (vea: Colosenses 1:5, Lucas 6:23, Hebreos 11:16, II Timoteo 4:18, Mateo 18:3, Mateo 5:3, Mateo 5:10, Mateo 5:12, Mateo 6:19-21). La doctrina de los TDJ que afirma que solo 144,000 van al cielo y todos los demás en la tierra, es una blasfemia contra la misma redención. Cuando Dios redime al ser humano lo hace ciudadano del cielo. No existe un grupo más blanco que el otro, todos vienen a ser lavados por la sangre de igual forma. No existe en la Biblia categorías de redimidos, sino que todo lo que Dios santifica es perfecto. Todos los redimidos tienen herencia celestial. (Vea: Lucas 6:23, II Corintios 12:2, Filipenses 3:20, Apocalipsis 3:12, Apocalipsis 11:12, II Corintios 5:1)

La Doctrina de los TDJ dice: *"Sólo los miembros de su organización serán salvos."*

Refutación bíblica: Todo aquel que invocare al Señor será salvo. El que confiesa a Cristo delante de los hombres es salvo. En la Biblia, los salvos son aquellos que honran al Hijo de Dios de la misma manera que honran al Padre. (Juan 5:23)

La Doctrina de los TDJ dice: *"No existe el infierno."*

Refutación bíblica: Los TDJ afirman que el infierno mencionado en la Biblia se refiere a un lugar en la tierra y no en el mundo espiritual. Sin embargo, la evidencia bíblica apunta a un lugar real donde van a morar los desobedientes una vez su espíritu se separa del cuerpo. Jesús dijo:

"Y no temáis a los que matan el cuerpo, mas el alma no pueden matar; temed más bien a aquel que

puede destruir el alma y el cuerpo en el infierno". (Mateo 10:28)

Jesús dijo bien claro que es un lugar donde el fuego nunca se apaga y el gusano de ellos no muere. Están en tormento perpetuo. (Marcos 9:44-48) De la misma forma, se encuentra registrada en la Biblia la parábola hecha por Jesús sobre *El hombre rico y Lázaro el mendigo* (Lucas 16:19-31) Luego de la muerte de ambos, Lázaro fue al paraíso, pero el hombre rico fue al lugar de tormento. Esta historia desmiente la postura de los TDJ quienes afirman que el infierno es en la tierra. La parábola dice claramente que el infierno es un castigo para los hombres luego de esta vida presente.

La Doctrina de los TDJ dice: *"Las transfusiones de sangre son pecado porque la vida del hombre está en la sangre."*

Refutación bíblica: Jesucristo donó su sangre para salvarnos. (Colosenses 1:14) Jesús dijo que es amor el dar su vida por los amigos. (Juan 15:13) Una gran muestra de amor al prójimo es dar todo lo que tenemos para que otros puedan vivir.

La Doctrina de los TDJ dice: *"La cruz es un símbolo pagano que no debe ser utilizado."*

Refutación bíblica: La cruz de Cristo es independiente de las otras cruces de símbolos paganos. Nada tiene que ver con las otras cruces, sin embargo hay religiones falsas quienes mezclan las cruces paganas con la cruz cristiana. De la misma forma mezclan falsas ideologías paganas con un cristianismo contaminado. La cruz de Cristo habla de su victoria sobre el diablo y de la redención del hombre. Existe diversidad de clases de cruces. Ninguno de los símbolos paganos de cruces tiene que ver nada con la cruz de Cristo.

La Doctrina de los TDJ dice: *"Las buenas obras son necesarias para la salvación."*

Refutación bíblica: Las buenas obras de las que habla la Biblia es andar en santidad, ayudar al prójimo, seguir la doctrina de Cristo. Para salvarse solo hay que tener fe en Cristo y hacer su voluntad. Las buenas obras de las que habla la Biblia son el fruto de tener al Padre, Hijo y Espíritu Santo morando en el interior. No se trata de una manera de alcanzar el cielo a base de acumulación de méritos terrenales. Pretender usar las obras para gloriarse por medio de ellas es apartarse de la redención de Cristo.

La Doctrina de los TDJ dice: *"El alma deja de existir cuando el hombre muere."*

Refutación bíblica: La muerte es la separación del espíritu con el cuerpo. Cuando ocurre esta separación, el cuerpo se corrompe pero el espíritu vuelve a Dios activo y es Dios quien dispone y lo juzga. El espíritu del hombre no es aniquilado sino que está consciente de Dios. Jesús al morir encomendó su espíritu a Dios.

En la parábola del hombre rico y Lázaro (Lucas 16:19-31) se dice claramente que una persona cuando muere es porque su cuerpo es separado del espíritu. Ese espíritu va al Seol, un lugar que se divide en dos partes; una parte de tormento y una parte de paraíso. Cuando la Biblia en el Antiguo Testamento habla de que los muertos no tienen sentidos se está refiriendo al cuerpo y no al espíritu que se separó del mismo. En la parábola del *Hombre rico y Lázaro* se puede ver claramente que una persona que ha muerto en el cuerpo, no deja de existir, es decir, su realidad no termina con la muerte en el cuerpo. Unos son llevados a un lugar placentero y otros a un lugar de tormento. Se dice claramente que el hombre rico tenía todos sus sentidos activos en el lugar de tormento. Podía ver, sentir, pensar, hablar, y tenía voluntad; sin embargo su deseo de volver a la tierra no podía cambiar aquel panorama.

La Doctrina de los TDJ: Afirman ser *"el profeta de Dios"*.

Refutación bíblica: Todas las sectas erróneas afirman lo mismo. Las sectas falsas afirman que son indispensables en la tierra para que los hombres puedan conocer "la verdad". Ellos llaman "verdad" a la teoría y falacia que sus líderes inventan y que no concuerda con la Biblia.

La Doctrina de los TDJ: Afirman que ellos tienen la verdad de Dios.

Refutación bíblica: Estudie el trasfondo de la secta y se dará cuenta que de lo más que carece es de la verdad. Anacronismos, invenciones de fechas, falsas predicciones, errores teológicos colosales, encubrimiento, fraude, aislamiento, una versión distorsionada de la Biblia no procede de la verdad y mucho menos de Dios. Miles de personas engañadas en una falsa religión.

La Doctrina de los TDJ dice: *"No se puede participar en elecciones políticas, saludar la bandera, cantar el himno nacional"*

Refutación bíblica: Jesús le ordenó a sus seguidores que cumplieran sus responsabilidades como ciudadanos. El les dijo: *"Dad, pues, a César lo que es de César, y a Dios lo que es de Dios".* (Mateo 22:21) Las autoridades civiles han sido puestas por Dios para mantener la paz y el orden social. (Romanos 13:1) Lo único que prohíbe la

Biblia en este aspecto es a negar nuestra fe, nuestros principios, valores y moral si el estado impusiera cosas de esta índole.

La Doctrina de los TDJ: Creen que la Biblia es la Palabra de Dios. Pero no cualquier Biblia, sino la trastocada por sus líderes. Rechazan las otras versiones de la Biblia y colocan su "versión del Nuevo Mundo" como si fuera la Palabra de Dios.

Refutación bíblica: Existe suficiente evidencia para probar que la versión que usan los TDJ denominada "Versión del Nuevo Mundo" está descalificada y no pasa la prueba del griego. En la Biblia se nos advierte de esto:

"...casi en todas sus epístolas, hablando en ellas de estas cosas; entre las cuales hay algunas difíciles de entender, las cuales los indoctos e inconstantes tuercen, como también las otras Escrituras, para su propia perdición". (II Pedro 3:16)

"Y si alguno quitare de las palabras del libro de esta profecía, Dios quitará su parte del libro de la vida, y de la santa ciudad y de las cosas que están escritas en este libro". (Apocalipsis 22:19)

La Doctrina de los TDJ dice: *"El nombre de Dios es Jehová"*

Refutación bíblica: Dios nos ha hablado de diferentes maneras. Pero en este tiempo nos ha hablado por el Hijo a quien le ha otorgado el más excelente nombre en el cielo y en la tierra. Dice:

"Dios, habiendo hablado muchas veces y de muchas maneras en otro tiempo a los padres por los profetas, en estos postreros días nos ha hablado por el Hijo, a quien constituyó heredero de todo, y por quien asimismo hizo el universo" (Hebreos 1:1-2)

Los TDJ no reconocen que Jesucristo también exhibe el nombre de Jehová, igual que el Padre. Dice la Biblia en Malaquías 12:10:

"Y derramaré sobre la casa de David, y sobre los moradores de Jerusalén, espíritu de gracia y de oración; y mirarán a mí a quien traspasaron, y harán llanto sobre él, como llanto sobre unigénito, afligiéndose sobre él como quien se aflige sobre unigénito."

Vemos en este verso que es Jehová quien está hablando, pero ese Jehová comparte la obra y misión del Hijo. Cristo es el Jehová que fue crucificado. Los TDJ desligan a Jehová de Cristo y lo proponen como un dios (con "d" minúscula) inferior, sin embargo, la Biblia nos dice que Cristo es uno en deidad con el Padre, igual a Dios (con "D" mayúscula).

En el libro de Filipenses se nos dice:

"y estando en la condición de hombre, se humilló a sí mismo, haciéndose obediente hasta la muerte, y muerte de cruz. Por lo cual Dios también le exaltó hasta lo sumo, y le dio un nombre que es sobre todo nombre, para que en el nombre de Jesús se doble toda rodilla de los que están en los cielos, y en la tierra, y debajo de la tierra". (Filipenses 2:8-10)

La Doctrina de los TDJ dice: *"Cristo fue la primera creación de Dios."*

Refutación bíblica: La profecía de Isaías nos dice que Jesucristo es eterno:

"Porque un niño nos es nacido, hijo nos es dado, y el principado sobre su hombro; y se llamará su nombre Admirable, Consejero, Dios Fuerte, Padre Eterno, Príncipe de Paz." (Isaías 9:6)

La Biblia nos dice que Cristo es el unigénito Hijo de Dios. (Juan 3:16; Colosenses 1:12; Hebreos 12:23) Cuando la Biblia le llama a Cristo "primogénito", la palabra griega identifica a uno que tiene autoridad sobre las cosas creadas y no la versión de los TDJ que afirma que "Cristo es el primer ser creado". En ninguna manera la Biblia afirma tal cosa. Las evidencias bíblicas le llaman eterno a Cristo y eterno se refiere a uno que no tiene principio ni fin. Dice el Salmo 45 refiriéndose a Jesús:

"Tu trono, oh Dios, es eterno y para siempre; Cetro de justicia es el cetro de tu reino."

Cualquiera que afirme que el Salmo 45 no se refiere al Cristo, no entiende ni predica la Biblia conforme a la verdad, mucho menos aquellos que niegan que Cristo es Dios.

La Doctrina de los TDJ dice: *"Los malos serán aniquilados para siempre."*

Refutación bíblica: La Biblia habla de un lugar eterno para los malos. Un lugar que no tiene fin. Cuando la Biblia habla de muerte eterna, se refiere al lugar de tormento eterno, lejos de la vida eterna, pero esa muerte eterna es similar a la experiencia que tuvo el hombre rico de la parábola del Hombre rico y Lázaro. (Lucas 16:19-31) El hombre rico ya había muerto, pero en su realidad de muerte eterna, estaba en el lugar de tormento completamente consciente y con los sentidos activos. Los pecadores serán lanzados al lago de fuego donde el gusano no muere, el fuego no se apaga y ellos tampoco mueren sino que sufren por la eternidad. (Marcos 9:44-48)

La Doctrina de los TDJ dice: *"Las oraciones solo van dirigidas a Jehová y no a Cristo, ya que Cristo es solo el medio de llegar al Padre"*

Refutación bíblica: Jesús aceptó pedidos y oraciones. Cuando la barca se hundía fue a Jesús a quien los discípulos clamaron. La barca es una alegoría de nuestra vida. Y es Jesús quien sale a nuestro socorro. Cuando tenemos fe en Dios, es Cristo quien actúa por nosotros. La gente de Judea clamaba *"Jesús, Hijo de David, ten misericordia de mi"* (Mateo 9:27; Lucas 18:38; Marcos 10:47). Le pedían por sanidad y él los sanaba y salvaba. Nuestra oración va dirigida al Padre en el nombre de Jesús. De la misma forma cuando clamamos a Cristo, el Padre nos responde.

La Doctrina de los TDJ dice: *"No debe haber una clase clerical ni deben usarse títulos especiales."*

Refutación bíblica: La Biblia reconoce ministerios diversos de orden dentro de la iglesia entre los cuales se encuentran: apóstoles, profetas, evangelistas, pastores y maestros. (I Timoteo 5:17, I Pedro 5:2-3, I Corintios 12, Romanos 12, Efesios 4, Lucas 10:16, Hebreos 13:17, I Timoteo 1:20, Mateo 10, Lucas 10, I Timoteo 3:1-13, Tito 1, Filipenses 1:1, Hechos 6:1-7, Romanos 16:1-3, I Timoteo 4:14, 5:22, II Timoteo 1:6, Hechos 13:3, Hechos 1:15-26, Hechos 15, Romanos 12:6-8, Efesios 4:11, I

Corintios 12:28-30, II Tesalonicenses 2:15.) En el libro de los Hechos se da evidencias que existe un gobierno dentro de la iglesia. Estos líderes toman decisiones, dan órdenes que de administración sobre el cuerpo de Cristo. (Hechos 15)

La Doctrina de los TDJ dice: *"El bautismo por inmersión completa simboliza la dedicación a Dios."*

Refutación bíblica: Según la Biblia el bautismo es un símbolo del sepultar la vieja vida y entrar en una nueva vida regenerada de parte de Dios. Es morir al pecado y ser resucitados a una nueva vida que proviene de Dios.

La Doctrina de los TDJ: Le prohíben a sus víctimas leer o informarse de los estudios investigativos que se hacen de su secta

Refutación bíblica: La Biblia da ejemplos de investigación sobre las palabras de los apóstoles.

"Inmediatamente, los hermanos enviaron de noche a Pablo y a Silas hasta Berea. Y ellos, habiendo llegado, entraron en la sinagoga de los judíos. Y éstos eran más nobles que los que estaban en Tesalónica, pues recibieron la palabra con toda solicitud, escudriñando cada día las Escrituras para ver si estas cosas eran así. Así que creyeron muchos

de ellos, y mujeres griegas de distinción, y no pocos hombres". (Hechos 17:10-12)

El mandato en la Biblia es a escudriñar la Palabra:

"Escudriñad las Escrituras; porque a vosotros os parece que en ellas tenéis la vida eterna; y ellas son las que dan testimonio de mí". (Juan 5:39)

El mandato de la Biblia es a escudriñar la Palabra y no versiones adulteradas. Cuando una persona da por sentado que una versión adulterada es la Palabra de Dios, entonces lo que ocurre es una gran confusión y engaño para esa persona.

"He aquí, dice Jehová, yo estoy contra los que profetizan sueños mentirosos, y los cuentan, y hacen errar a mi pueblo con sus mentiras y con sus lisonjas, y yo no los envié ni les mandé; y ningún provecho hicieron a este pueblo, dice Jehová".

—Jeremías 23:32

Capítulo 18

La fecha 1914 y las 70 semanas de Daniel

Cuando usted le indaga a un Testigo de Jehová que de donde surge la fecha que ellos proponen de 1914 como posible fecha de la venida de Cristo ellos pretenden explicarlo con la profecía sobre las 70 semanas de Daniel. Antes de entrar en la profecía de las 70 semanas de Daniel tenemos que dejar claro lo que significa la venida de Cristo.

Por medio de la Biblia sabemos que Jesucristo vino en carne. Se cumplió la profecía de Isaías que anunciaba que la virgen concebiría y daría un hijo. (Isaías 7:14) La profecía se cumplió, Jesucristo vino y ando entre nosotros. (Juan 1:14) Sin embargo, Jesucristo fue crucificado y sepultado, resucitando al tercer día. Ascendió a los cielos no sin antes prometerle a sus seguidores volver a la tierra. Es sobre esa esperada venida que se arman diversas opiniones de algunas sectas. Según la Biblia, para la venida de Cristo existen ciertas señales, y están descritas en la Biblia.

Claramente se nos dice que la venida de Cristo no será posible calcular su tiempo ya que será en la hora menos esperada. Como ladrón en la noche.

Ahora bien, ¿de dónde obtienen los testigos de Jehová la idea de que Cristo vino de forma invisible en 1914? Ellos piensan que Cristo vino en esa fecha de acuerdo a una errada forma de interpretar la profecía de las 70 semanas de Daniel.

¿Cuál es la forma correcta de entender las 70 semanas de Daniel?

El profeta Daniel fue uno usado por Dios para arrojar luz sobre el acontecer futuro de gran trascendencia e importancia similar al calibre de Juan en su Apocalipsis. Al estudiar temas de escatología uno de los temas tocados es el de las "setenta semanas". (Daniel Cap. 9, versos 24-27) Unos afirman que es una profecía ya cumplida y otros afirman que es una por cumplirse. Para nosotros es una profecía que se ha cumplido en parte y nos encontramos en medio de ella donde se completarán todas las semanas prontamente.

Lo primero que tenemos que hacer para entender esta profecía es entender el contexto. El profeta Daniel se encontraba leyendo el libro de Jeremías el cual habla del tiempo en que las desolaciones de Jerusalén habrían de cumplirse en setenta años. (Jeremías Cap. 25, verso 11; Jeremías Cap. 29, verso 10) Antes que nada, debemos entender que el término "semana" aquí no se refiere a días sino a años según el calendario de Israel.

• Una semana = siete años
• Setenta semanas = 490 años

Los 490 años hebreos se dividen en tres fases:

• 7 semanas que corresponden a 49 años.
• 62 semanas que corresponden a 434 años.
• 1 semana que corresponde a 7 años.

La profecía dice como sigue:

"setenta semanas están determinadas sobre tu pueblo y tu santa ciudad, para terminar la prevaricación, y poner fin al pecado, y expiar la iniquidad, para traer la justicia perdurable, y sellar

la visión y la profecía, y ungir al Santo de los santos. Sabe, pues, y entiende, que desde la salida de la orden para restaurar y edificar a Jerusalén hasta el Mesías Príncipe, habrá siete semanas, y setenta y dos semanas; se volverá a edificar la plaza y el muro en tiempos angustiosos".

7 Semanas (49 años)	Desde el 14 de marzo del 445 A.C., hasta el 396 A.C.	Donde se reedificarán las murallas de Jerusalén	Nehemías Cap. 2 verso 6
62 semanas (434 años)	Desde el decreto de 445 A.C. para reconstruir las murallas hasta el 6 de abril de 32 D.C. cuando ocurrió el domingo de Ramos.	Jesucristo sería proclamado rey en su entrada triunfal	Lucas 19:28-44

"Y después de las setenta y dos semanas se quitará la vida al Mesías, más no por sí, y el pueblo de un príncipe que ha de venir destruirá la ciudad y el santuario; y su fin será con inundación, y hasta el fin de la guerra durarán las devastaciones. Y por otra semana confirmará el pacto con muchos; a la mitad de la semana hará cesar el sacrificio y la ofrenda. Después con la muchedumbre de las abominaciones vendrá el desolador, hasta que venga la consumación, y lo que está determinado se derrame sobre el desolador".

1 semana (7 años)	Desde el arrebatamiento hasta el Armagedón	Gran Tribulación, Anticristo, y al final de los siete años ocurre la segunda venida visible de Jesucristo y sus santos.	Zacarías Cap. 14 verso 5; Apocalipsis Cap. 14, verso 1

Desde la crucifixión de Jesucristo hasta el tiempo de la última semana han pasado cerca de dos mil años. Pronto Dios arrebatará a su pueblo y el mundo entrará en la última semana profetizada.

Según la profecía, el ungir del Santo de los santos tuvo lugar el día que entró a Jerusalén montado sobre un pollino. (Zacarías 9:9) Ese fue el día de la visitación de Dios, día que ellos no conocieron. (Lucas 19:44)

¿Cuál es la forma incorrecta que los Testigos de Jehová interpretan de las 70 semanas de Daniel?

Los Testigos de Jehová han cambiado la interpretación de esta profecía y al cambiarla y rodar las fechas han tenido que inventarse la falacia que Cristo vino en 1914 de forma invisible. Ellos han cambiado una y otra vez las fechas tratando de ajustar y de explicar sus anacronismos. Han sabido mantener su secta presa de engaños y excusando sus errores. Todavía son muchos los que piensan que Cristo vino en 1914 aunque la Biblia demuestra que esa fecha no tiene relación alguna y es un engaño.

"Venid luego, dice Jehová, y estemos a cuenta: si vuestros pecados fueren como la grana, como la nieve serán emblanquecidos; si fueren rojos como el carmesí, vendrán a ser como blanca lana".
—Isaías 1:18

Capítulo 19

La guerra contra la redención de Dios

La doctrina errónea de los TDJ que afirma que solo 144,000 salvos irán al cielo y todos los demás permanecerán en la tierra, es una burla a la redención de Dios. La Biblia nos dice que la sangre de Cristo nos limpia de todo pecado, nos hace ciudadanos del cielo. Es imposible que una persona lavada en la sangre de Cristo no alcance el cielo ya que Dios no hace limpiezas a medias. O eres salvo o no lo eres. Ser salvo implica obtener todo de Dios. No existen en la Biblia niveles de redimidos, o lo somos o no lo somos.

La redención

Los cristianos, todo se lo debemos a Jesucristo ya que fue Él quien actuó a nuestro favor. Jesucristo mismo era el objeto de la fe de los hombres en el Antiguo y Nuevo Testamento. Sólo existe un Dios redentor que puede librarnos del pecado. Se nos dice en el libro de Efesios:

"En quien tenemos redención por su sangre, el perdón de pecados según las riquezas de su gracia" (Efesios 1:7)

La palabra redimir se define como: *"rescatar, librar y comprar de nuevo"* (Levíticos 25:25-27, I Corintios 6:20, 7:23) De la misma manera que algo empeñado puede ser redimido pagando la suma requerida de dinero, así el hombre, perdido en pecado y sin esperanza, por la gracia de Dios ha sido redimido por la sangre del Cordero quien ha pagado toda la deuda. No existe nadie que hubiera podido cumplir con tales requerimientos sino sólo Jesucristo. Siendo que fue Jesucristo el perfecto redentor y sustituto por nosotros, eso coloca a todos los que en él creen justo al lado de Dios.

"Porque de tal manera amó Dios al mundo, que ha dado su hijo unigénito, para que todo aquel que en él cree, no se pierda, mas tenga vida eterna." (Juan 3:16)

La sangre vertida de Jesucristo pagó el precio de nuestra redención reconciliándonos con Dios al expiar nuestros pecados. El hombre salvado ya es posesión de Dios y adquirido por la sangre preciosa y santa de Jesús.

Siendo que en Cristo no hay contaminación, esa perfección fue compartida y derramada hacia sus hijos en la sustitución. Esta verdad contrasta con la mentira que enseñan los TDJ de que unos van al cielo y otros se quedan en la tierra, ya que bajo la sangre de Cristo todos son santos de igual forma y no en niveles diferentes.

"Sumamente pura es tu palabra, y la ama tu siervo".
—Salmo 119:140

20

¿Cierto o Falso?

A través de este libro usaremos el recurso CIERTO o FALSO para poder separar lo verdadero de la mentira. Para efectos de este Cierto y Falso citaremos diversidad de pasajes bíblicos. Usaremos la versión Reina Valera 1960 para compararla con la versión que usan los TDJ "Nuevo Mundo". Cuando citamos la versión usada por los TDJ, así lo especificaremos. No debe confundirse la versión Reina Valera con la pseudo traducción de los TDJ.

Comenzamos:

La Sociedad Watch Tower (Testigos de Jehová), utilizan la *Traducción del Nuevo Mundo de las Santas Escrituras.* C ✓ F __

Utilizar una versión aceptable de la Biblia es importante ya que de ese libro dependerán todas las ideas, dogmas y doctrinas que el grupo sigue. C ✓ F __

Una Biblia retocada que no concuerde con el resto de versiones existentes conducirá a los lectores a creer cosas diferentes. C ✓ F __

La mayoría de la gente que entra a las sectas no se da a la tarea de investigar el trasfondo y credibilidad de los escritos sino que comienzan a ser adoctrinados. C ✓ F __

A menudo, las personas que entran en diversas sectas, se dejan llevar del carisma de las personas, su sentido de pertenencia al grupo y otros factores que no necesariamente son la doctrina correcta. C✓ F__

Toda secta, por diferente que sea, le hará creer a sus laicos que ellos tienen la verdad. C ✓ F __

En la sociedad existen diversas sectas que poseen métodos complejos de hacer prosélitos. Esto incluye

discipulado y envío a ganar más personas. El que así hagan, no significa que poseen o predican la verdad.
C ✓ F __

Ningún erudito elaborador y editor de Biblias puede desprenderse de los textos originales de hebreo y griego así como otras lenguas usadas en textos de papiros bíblicos. Hacerlo sería faltarle a la verdad y caer en maldición. (Apocalipsis 22:19) C ✓ F __

Una Biblia trastocada erróneamente conducirá a los lectores a dar por cierto ideas erradas. C ✓ F __

La iglesia de Berea mencionada en la Biblia, escudriñaba los escritos para comprobar si lo que Pablo les enseñaba era correcto. (Hechos 17:11)
C ✓ F __

Se debe seguir la voz de los líderes eclesiales modernos como la voz infalible e irrefutable de Dios en la tierra. C___ F ✓

Los TDJ tienen una creencia de la vida ultratumba diferente a las sectas protestantes. C ✓ F __

Los TDJ niegan la existencia del infierno.
C ✓ F __

En el libro de Lucas se presenta la parábola del hombre rico y Lázaro. Esta nos dice que cuando un hombre es considerado muerto en la tierra, su espíritu está vivo sea en un lugar placentero o en un lugar de tormento. (Lucas 16:19-31)   C ✓ F __

Una parábola es una alegoría que sirve para explicar una verdad, una enseñanza. C ✓ F __

En la parábola del hombre rico y Lázaro, cuando ambos murieron fueron al Hades donde ese lugar estaba separado por una gran sima. Esas dos partes eran, un lugar de tormento y un paraíso.
C ✓ F __

El hombre rico estaba atormentado en una llama (fuego) y Lázaro se encontraba en un lugar placentero. Ambos hombres estaban conscientes y con sus sentidos activos y alertas.
C ✓ F __

Según la parábola mencionada anteriormente. Cuando un hombre es considerado muerto en la tierra no significa que el espíritu está igualmente muerto o inactivo sino que existe una realidad espiritual con la cual se encuentra el hombre una vez se separa del cuerpo. C ✓ F __

Según la parábola mencionada anteriormente. El cuerpo es corruptible, pero el espíritu retorna a Dios consciente y con sentidos activos. C ✓ F __

Según la parábola mencionada anteriormente. Una persona cuando muere es sepultado. Ese cuerpo inerte que yace en el sepulcro no puede ver, ni oír, ni tocar, ni saber, ni oler, ni gustar. Sin embargo, su espíritu es llevado a uno de dos lugares.
C ✓ F __

Según la parábola mencionada anteriormente. Cuando una persona yace dentro del sepulcro no significa que el espíritu del mismo esté en ese mismo lugar sino que es llevado por los ángeles al seno de Abraham donde está consciente de todo lo que sucede y posee todos sus sentidos activos. C ✓ F __

Según la parábola mencionada anteriormente. La muerte física del cuerpo no significa la aniquilación del espíritu humano. C ✓ F __

Según la parábola mencionada anteriormente. Las personas que murieron en lo físico estaban totalmente conscientes en lo espiritual de toda realidad en la tierra pero sin poder entablar comunicación alguna con los vivientes de la tierra.
C ✓ F __

Refiriéndonos al cuerpo físico, este no tiene sentido alguno cuando se separa el espíritu del mismo. Se considera muerto. C ✓ F __

Refiriéndonos al espíritu humano, este sí posee sentidos activos aunque esté separado del cuerpo. C ✓ F __

Refiriéndonos al cuerpo muerto, este nada sabe, nada oye, nada comprende. C ✓ F __

Es del Hades de donde Dios trasladará a los justos a salvación y a los injustos a condenación cuando ocurra la resurrección. (Salmo 86:13, Salmo 16:10) C ✓ F __

Según Apocalipsis 20:13-14, luego que el Hades entregue los muertos que hay en ellos, serán juzgados conforme a sus obras. C ✓ F __

Según Apocalipsis 20:10 el resultado de ese juicio significa para los malos será ser lanzados al lago de fuego donde "serán atormentados día y noche por los siglos de los siglos". C ✓ F __

Según la parábola de Lucas 16:19-31 mencionada anteriormente. Lo que determina estar en el lugar placentero o en el lugar de tormento allí en el Hades son las decisiones que se tomaron cuando se estaba en el cuerpo. C ✓ F __

Según la parábola mencionada anteriormente. Existe una incredulidad que predomina en mucha gente referente a ese lugar (el Seol en el mundo

invisible). Ni siquiera creerán que ese lugar existe ni aunque una persona retornara del mismo Seol a su cuerpo físico y contara de las cosas que atestiguó allí.
C ✓ F __

La Biblia afirma que las personas que se salvan son innumerables. (Apocalipsis 7:9, Daniel 7:10)
C ✓ F __

La Biblia afirma que todas las naciones serán llevadas a ser juzgadas por Jesucristo quien decidirá el destino eterno de unos y otros. (Vea: Mateo 25:31-46) C ✓ F __

La Biblia habla de un número simbólico de judíos que se salvarán. (Apocalipsis 7:4) C ✓ F __

La Biblia dice en Juan 3:3 que para ver el reino de Dios sólo vasta nacer de nuevo. C ✓ F __

Jesús dijo que iría a preparar lugar de morada para su pueblo. (Juan 14:2) C ✓ F __

Esas moradas que Cristo fue a preparar tienen límites de cantidades. (Juan 14:2-3) C___ F ✓

La Biblia afirma que la Nueva Jerusalén desciende del cielo. (Apocalipsis 3:12) C ✓ F __

La Biblia afirma que los redimidos se cuentan de millones de millones. (Apocalipsis 3:12) C ✓ F __

Según Juan 3:3 el reino de Dios podrá ser visto por toda clase de persona. C___ F ✓

La mayoría de las enciclopedias consideran a Charles Taze Rusell como el fundador de lo que sería la secta de los testigos de Jehová. C ✓ F __

Actualmente la tumba de Charles Taze Rusell se encuentra en un cementerio masónico en Pittsburg, Pennsylvania y como lápida posee una pirámide. C ✓ F __

El símbolo de la pirámide es un símbolo utilizado por las sociedades secretas y masónicas. C ✓ F __

El símbolo que aparece sobre la pirámide de la lápida de Charles Taze Rusell es una "cruz atravesando una corona" grabado en una enorme pirámide masónica. C ✓ F __

Charles Taze Rusell creía que en las pirámides se encontraban develados secretos del futuro de la tierra. Esa misma creencia la tienen los ocultistas, pero no los cristianos. C ✓ F __

La tumba de Elena G. White (Adventistas) posee también un símbolo masónico como lápida. Específicamente un obelisco blanco. C ✓ F __

Tomando como evidencia la existente realidad que ambas tumbas, tanto la de Charles Taze Rusell (Testigos de Jehová), así como la de Elena G. White (Adventistas) contienen símbolos y monumentos masónicos, promueve la idea que ambas sectas tienen lazos con la masonería. C ✓ F __

El hecho de que múltiples sectas diferentes en doctrinas estén enlazadas a la masonería, devela que existe intenciones de parte de los "Iluminados" de minar la sociedad con evangelios diferentes al de la Biblia. C ✓ F __

Charles Taze Rusell admitió cometer errores doctrinales en su libro *"The Time is at Hand"* (El tiempo está cerca).
C ✓ F __

El nuevo nacimiento del que habla la Biblia es cuando recibimos a Cristo como nuestro salvador y él viene a morar dentro de nosotros. (Juan 14:23) También vienen a morar, el Padre y el Espíritu Santo. (II Corintios 6:16, Colosenses 1:27, Juan 14:17)
C ✓ F __

Según Juan 3:14-16 todo aquel que cree en Jesucristo tiene la vida eterna. C ✓ F __

Juan 3:18 afirma que todo aquel que no cree que Jesucristo es su salvador ya ha sido condenado. C ✓ F __

Según Efesios 2:8-9 no existe obra ni acción humana que sirva para salvar un alma sino que la salvación es un regalo al que tiene fe en Cristo. C ✓ F __

Según Juan 14:6 existe la manera de llegar al Padre sin la necesidad de ir primero a Cristo. C __ F ✓

Según Juan 5:23 el hombre no debe honrar al Hijo así como honra al Padre. C ___ F ✓

Lo que distingue a los falsos profetas es que no se cumplen sus profecías. (Deuteronomio 18:20-22) C ✓ F __

El "pastor" Russell, y los otros líderes de la Sociedad Watchtower pusieron fechas a acontecimientos bíblicos y esas fechas pasaron sin suceder nada. Deben ser considerados falsos profetas. C ✓ F __

Charles Taze Russell declaró que el milenio había empezado en 1872. C ✓ F __

Cuando no sucedió nada en 1872, los siguientes líderes de la secta cambiaron la fecha a 1975 para el principio del milenio. Tampoco sucedió lo que ellos anunciaron. C ✓ F __

Aunque la secta TDJ ha dado evidencias de sus falsas profecías, han sabido "excusar" sus errores y mucha gente sigue ignorando sus incongruencias. C ✓ F __

Los líderes de la TDJ profetizaron que "el fin de la guerra que destruiría los reinos de este mundo y establecería plenamente el reino de Dios" sería en 1914, pero al no pasar nada cambiaron la fecha a 1915. C ✓ F __

La denominada "*Watch Tower*" (La Atalaya), y las otras publicaciones de la Sociedad, por cuarenta años recalcaron que el año 1914 sería testigo del establecimiento del reino de Dios y la glorificación total de la iglesia. C ✓ F __

Las interpretaciones bíblicas que se enseñan hoy día en la "Watch Tower" (La Atalaya), están basadas en las ideas de estas mismas personas que han fallado sus profecías. C ✓ F __

Los líderes de la secta TDJ predijeron que en 1918 tendría lugar el "Fin de los Tiempos de los Gentiles y la Destrucción de las Iglesias". C _✓_ F __

Los líderes de la secta TDJ predijeron que en 1920 tendría lugar "la Desaparición de Montañas, Repúblicas y Reinos".
C _✓_ F __

Predijeron que en 1925 tendría lugar "El Reino Establecido en Palestina - El Retorno de Hombres Fieles del Antiguo Testamento". C _✓_ F __

En 1929 edificaron una casa para lo que según ellos sería el retorno de los fieles del Antiguo Testamento. C _✓_ F __

Líderes de la TDJ predijeron que en 1925 y en 1932 Dios derrotaría lo que ellos llamaban "la cristiandad". C _✓_ F __

El juez Rutherford, fue el sucesor del pastor Russell en el establecimiento de las doctrinas de los Testigos de Jehová. C _✓_ F __

Aunque estos líderes de esta secta TDJ han fallado numerosas profecías, le afirman a sus seguidores que la Biblia no debe ser estudiada sin la "iluminación" de ellos. Ya que le hacen creer a los

seguidores que es necesaria su interpretación.
C ✓ F __

Los TDJ enseñan que no todos los creyentes irán al cielo. Sin embargo, el cielo es la herencia para todos cristianos. En 1 Pedro 1:3-4 donde se nos dice:

"Bendito el Dios y Padre de nuestro Señor Jesucristo, que según su grande misericordia nos hizo renacer para una esperanza viva, por la resurrección de Jesucristo de los muertos, para una herencia incorruptible, incontaminada e inmarcesible, reservada en los cielos para vosotros".

Según esta verdad bíblica, la herencia de los salvos es el mismo cielo. C ✓ F __

La esperanza de todo aquel que recibe a Cristo como salvador es morar con él en el cielo. (Colosenses 1:5, Lucas 6:23, Hebreos 11:16, II Timoteo 4:18, Mateo 18:3, Mateo 5:3, Mateo 5:10, Mateo 5:12, Mateo 6:19-21, Filipenses 3:20)
C ✓ F __

Según Juan 14:2-6 todo aquel que recibe a Cristo estará junto a él y al Padre. C ✓ F __

Según Mateo 6:9, el Padre está en los cielos.
C ✓ F __

Según Juan 17:5 y Juan 17:24 Jesús es glorificado al lado del Padre y llevará allí a todos los que creen en él para estar con él. (Hebreos 9:24) C ✓ F __

Según Lucas 24:51 y 1 Pedro 3:21-22 Jesucristo está en el cielo a la diestra del Padre. Ese es el lugar a donde llevará a todo aquel que cree en él. C ✓ F __

La bendita esperanza del cristiano en 1 Tesalonicenses 4:16-17 es recibir al Señor en el aire e ir a morar para siempre con él. C ✓ F __

Aunque la Biblia asegura que la morada de los hijos de Dios está en los cielos. También existe la realidad de un reino milenario de Cristo en la tierra. C ✓ F __

El destino final de los salvos no es la tierra sino el cielo. C ✓ F __

La atalaya afirma que los 144,000 que se mencionan en Apocalipsis se refiere a los únicos que irán al cielo, y explican que éstos son los apóstoles y las personas que llegaron a ser testigos de Jehová antes de 1914. C ✓ F __

Apocalipsis 7:4 afirma que los 144,000 son exclusivamente judíos y no Testigos de Jehová. C ✓ F __

Existe la posibilidad en Apocalipsis, que siendo un libro tanto literal como simbólico, esos 144,000 sólo sean una expresión de totalidad y no un número exacto. C ✓ F __

Los TDJ no creen en la doctrina del infierno, sin embargo Apocalipsis 14:9-11 asegura que los que adoran la imagen del anticristo y reciben su marca beberán de la ira de Dios y serán atormentados con fuego y azufre:

"Si alguno adora a la bestia y a su imagen, y recibe la marca en su frente o en su mano, él también beberá del vino de la ira de Dios, que ha sido vaciado puro en el cáliz de su ira; y será atormentado con fuego y azufre delante de los santos ángeles y del Cordero; y el humo de su tormento sube por los siglos de los siglos. Y no tienen reposo de día ni de noche". C ✓ F __

Según el verso citado anteriormente no existe una completa aniquilación de los malos sino que entrarán en un tormento que no tiene fin. (Apocalipsis 20:10) C ✓ F __

Jesucristo mismo fue quien afirmó que para los malos existe un "fuego eterno". (Mateo 25:31-43) C ✓ F __

Jesús dijo que viene un día cuando los malos y los justos serán separados y los malos serán echados al horno de fuego. (Mateo 13:49-50) C ✓   F __

El infierno se describe en la Biblia como un lugar terrible donde el gusano no muere y el fuego no se apaga, dando a entender que el gusano penetra las víctimas, los atormenta y no se aparta de ellos el sufrimiento. (Mateo 9:47-48) C ✓   F __

Según Apocalipsis 20:13-14, luego que el Hades entregue los muertos que hay en ellos, serán juzgados conforme a sus obras. C ✓   F __

Según Apocalipsis 20:15, lo que determina si una persona se salva o se pierde lo es el estar inscrito o no en el libro de la vida.   C ✓   F __

Todo aquel que no está inscrito en el libro de la vida será lanzado al lago de fuego. C ✓   F __

El libro de la vida le pertenece a Cristo según Apocalipsis 13:8 y Apocalipsis 21:27. C ✓   F __

Según Romanos 3:23-26, aquel que se justifica delante de Dios es el que posee "la fe de Jesús". C ✓   F __

Según 1 Juan 5:11-12 tener la vida es equivalente de tener a Jesucristo. C ✓   F __

Según Juan 10:9-10 todo aquel que entra por la puerta, la cual es Cristo, es salvo. C ✓ F __

Según Mateo 5:3 los pobres en espíritu son herederos del cielo. C ✓ F __

Según Mateo 5:10-12, el galardón es grande en los cielos para los salvos. C ✓ F __

Según Juan 5:39-40 las Escrituras dan testimonio de Jesucristo. C ✓ F __

Según Juan 1:12-13 donde se nos dice:

"Mas a todos los que le recibieron, a los que creen en su nombre, les dio potestad de ser hechos hijos de Dios; los cuales no son engendrados de sangre, ni de voluntad de carne, ni de voluntad de varón, sino de Dios"

Todo aquel que recibe a Cristo y cree en él es hecho hijo de Dios. C ✓ F __

Según Juan 8:19, lo que se necesita para conocer el Padres es conocer al Hijo de Dios. C ✓ F __

La Biblia asegura que tanto el Padre, el Hijo, y el Espíritu Santo comparten los mismos atributos de: Creador, Dios, Espíritu; incluso comparten el mismo

nombre YHVH. (Isaías Cap. 43, verso 15; Colosenses Cap. 1, verso 16; Salmos Cap. 104, verso 30; Génesis Cap. 1, verso 1; Juan Cap. 1, verso 1; Juan Cap. 4, verso 24; Filipenses Cap. 1, verso 19; Joel Cap. 2, verso 28; Hechos Cap. 2, verso 38)
C ✓ F __

Hechos 4:11-12 asegura que no existe ninguna alternativa para salvación que no sea Cristo; porque no hay otro nombre bajo el cielo, dado a los hombres, en que podamos ser salvos. C ✓ F __

Mateo 28:19 se refiere al nombre de Dios en singular aplicado a las tres personas divinas, el único Dios que existe:

"Por tanto, id, y haced discípulos a todas las naciones, bautizándolos en el nombre del Padre, y del Hijo, y del Espíritu Santo".

"El nombre del Padre, del Hijo y del Espíritu Santo", un solo nombre y no "los nombres" en plural.
C ✓ F __

En este nombre singular es que somos bautizados. El Nombre del Padre, del Hijo y del Espíritu Santo. Son ellos tres quienes vienen a morar dentro de los redimidos. C ✓ F __

Charles Taze Rusell pretendió probar que el infierno no existe. C ✓ F __

En Mateo 8:24 los discípulos clamaron a Jesucristo. Esto es un ejemplo de que los creyentes pueden hacer lo mismo. C ✓ F __

Mateo 28:20 nos asegura que Jesucristo es omnipresente y está con los creyentes. C ✓ F __

C.T. Rusell afirmó que la segunda venida de Cristo es invisible. C ✓ F __

En los años de 1870's Rusell empezó a difundir sus ideas por medio de literatura y aún hoy la secta TDJ lo sigue haciendo. C ✓ F __

La secta TDJ moderna afirma que ellos no siguen las doctrinas de Charles Taze Rusell, pero cuando se hace una investigación al respecto, son precisamente sus ideas las que ellos difunden basándose en sus libros. C ✓ F __

En 1879 Rusell lanzó una publicación mensual llamada "La atalaya de Sión y el Heraldo de la presencia". C ✓ F __

María Ackley fue la esposa de C.T. Rusell en 1879. Ella lo acusó por crueldad y adulterio. C ✓ F __

En 1886, Rusell publicó "El plan de las épocas", como parte de una serie de libros que trataban de explicar la cronología bíblica. C ✓ F __

Según Rusell, el plan de Dios se revela gradualmente al hombre. C ✓ F __

Rusell rechazaba todos los credos y afirmaba que él tenía la verdad. De la misma forma, hoy los TDJ piensan que ellos tienen la verdad y que toda secta externa son apóstatas. C ✓ F __

Rusell negaba al regreso físico de Cristo. C ✓ F __

Rusell promocionaba el rechazo a los gobiernos seculares dentro de su grupo religioso, pero él pertenecía a la francmasonería de raíces de los templarios. C ✓ F __

La francmasonería dice abrazar diversidad de creencias, pero le rinden pleitesía al ídolo E.G.A.D.U. y se sabe que tienen lazos con el culto a Bafomet. C ✓ F __

La masonería estuvo y está muy ligada a los partidos políticos y a los gobiernos. Los gobiernos dirigen el destino de los pueblos y la masonería busca imponerse en ese destino. Parte de ese dirigir de la masonería sobre la política envuelve controlar todas las plataformas de la sociedad, incluyendo la religión. C ✓ F __

Resulta obvio que si Rusell era templario y masón, conduciría a su secta lejos del cristianismo verdadero. C ✓ F __

Según los TDJ, orar y adorar a Cristo es servirle a los demonios. C ✓ F __

Los TDJ afirman que Jesucristo no era Dios ni es digno de adoración, sino de una simple reverencia como a cualquier otro ser importante, pero no como al Dios eterno. C ✓ F__

Rusell enseñaba que el hombre tendrá una segunda oportunidad para salvación durante el milenio. C ✓ F__

Charles Taze Rusell vendió "trigo milagroso" a un precio extremadamente alto. Un periódico de Nueva York lo acusó de fraude. C ✓ F__

Rusell fungió como traductor de la Biblia sin saber griego ni hebreo. C ✓ F__

Rusell murió en 1916, sin embargo los sucesores de su secta avalaron sus escritos e ideas. C ✓ F__

Los escritos de Rusell le parecen lógicos a los que lo siguen, pero carece de hermenéutica bíblica seria y responsable. C _✓_ F__

La idea de la no existencia del infierno les resulta atractiva a aquellos temerosos de ir a condenación. C _✓_ F__

Una persona con una Biblia diferente como la del "Nuevo Mundo" puede hacerle creer a otros que esa es la Palabra de Dios ignorando sus múltiples desviaciones de la versión original de la Biblia. C _✓_ F__

Múltiples sectas falsas que se hacen llamar "cristianas", le hacen creer a sus víctimas que ellos van en búsqueda de la restauración del cristianismo primitivo y que las demás sectas están erradas en sus prácticas. C _✓_ F__

El abogado Joseph Franklin Rutherford sucedió a Charles Taze Rusell. Los de la secta le llamaban "el juez". C _✓_ F__

Joseph Franklin Rutherford fue abogado de Russell en los juicios en su contra en 1912. C _✓_ F__

Rutherford escribió un folleto llamado *"La Caída de Babilonia"* en 1917. La idea era afirmar que toda iglesia que no fuera su secta era la Babilonia condenada en Apocalipsis. C _✓_ F__

Rutherford conociendo las múltiples acusaciones de la que fue objeto Charles Taze Rusell quiso "lavarle la cara" a la secta sustituyendo los escritos de su amigo por los suyos propios, pero manteniendo las "doctrinas" iniciadas por Rusell. C _✓_ F__

El énfasis de Rutherford fue la divulgación y propagación de los escritos de la secta casa por casa. C _✓_ F__

El que una secta tenga un dinámico sistema para hacer prosélitos no significa que predican la verdad. C _✓_ F__

A los TDJ se les hace creer que su salvación depende de sus obras, en especial de trabajar para su secta y ganando adeptos para adoctrinarlos en las ideas de sus líderes y libros extra bíblicos, así como en una Biblia diferente y adulterada como lo es la versión Nuevo Mundo. C _✓_ F__

Se le llama oficialmente a la secta "*Testigos de Jehová*" en 1931. C _✓_ F__

Según las enseñanzas de los testigos de Jehová solo 144,000 salvos van al cielo, los otros se quedan en la tierra. Según sus ideas los elegidos que van al cielo gobiernan sobre los de la tierra. C _✓_ F__

En 1942 murió Rutherford. C _✓_ F__

Rutherford escribió más que Rusell basándose en la Biblia diferente que estaban gestando y que se publicaría más tarde. C _✓_ F__

Rutherford condenó a todos los que sabían griego y hebreo y a todos los "religiosos". C _✓_ F__

Nathan H. Knorr sucedió a Rutherford en 1942. C _✓_ F__

El énfasis de Knorr era el discipulado, diseminar la sociedad de las revistas y artículos que sus antecesores habían elaborado. C _✓_ F__

En 1961 lanzan la Versión del Nuevo Mundo de las Sagradas Escrituras. Una versión que incorpora las doctrinas de los Testigos de Jehová. No concuerda con las demás Biblias en textos claves de la doctrina cristiana. C _✓_ F__

Desde los años 1942 al 1977 se expandieron mundialmente de alrededor de 100,000 miembros a 2 millones. C _✓_ F__

Knorr murió en 1977. C _✓_ F__

Fredrick William Franz preside la secta en 1977.
C ✓ F __

Fredrick William Franz muere en 1992.
C ✓ F __

Milton G. Henschel fue el sucesor de Fredrick William Franz en 1992.   C ✓ F __

Aldea Adams sucedió a Milton G. Henschel en el año 2000. C ✓ F __

La sede de la sociedad TDJ se encuentra en New York., E.U.   C ✓ F __

Los TDJ en un principio no rechazaban celebrar la Navidad, pero hoy sí. C ✓ F __

Todas las decisiones dentro de la secta TDJ las toman por unanimidad el Cuerpo Gobernante que se dirige mediante "coordinadores". C ✓ F __

Algunas personas que ocuparon cargos recientemente en el "cuerpo de gobernantes" fueron: A. Morris, D.H. Splane, G. Jackson, G. Losch, G.H. Pierce, J.E. Barr, M.S. Lett, S.F. y Herd, T. Jaracz. C ✓ F __

Fue Rutherford quien estableció el cuerpo legal que aún permanece en los TDJ. C _✓_ F__

Los TDJ han sido perseguidos como cualquier otra secta en países de dictaduras políticas. C _✓_ F__

Los TDJ en un principio no rechazaban el símbolo de la cruz, pero hoy sí. C _✓_ F__

Los TDJ afirman que citan otras Biblias en sus estudios, pero la doctrina de ellos se rige primeramente por la "Traducción del Nuevo Mundo" que hicieron conforme a las ideas de su fundador. C _✓_ F__

Los TDJ afirman que su líder es Jesucristo, pero siguen las doctrinas de Charles Taze Rusell y niegan que Jesucristo sea una persona que compone la deidad llamada YHVH. En Cambio reducen a Cristo a un dios inferior y no lo adoran como Dios eterno que mora junto al Padre y al Espíritu recibiendo toda gloria, alabanza y adoración. C _✓_ F__

Los puestos dentro de la secta son nombrados por toda la vida. Tiene un cuerpo gobernante que los supervisa. C _✓_ F__

En Bethel Brooklyn, Nueva York, se encuentra las oficinas principales y la imprenta principal. Tienen sobre 35 imprentas a nivel mundial. C ✓ F__

Los TDJ tienen un programa completo para adoctrinar a sus miembros en las ideas de sus fundadores. C ✓ F__

La revista "Atalaya" se publica en más de 100 idiomas. C ✓ F__

La revista "Despertad" se publica en más de 50 idiomas. C ✓ F__

La secta publica un libro todos los años. C ✓ F__

Los TDJ creen que hay un solo Dios, pero niegan que ese único Dios sea una morada mutua del Padre, Hijo y Espíritu Santo. C ✓ F__

En la Biblia, creer la divinidad de Jesucristo es una cuestión de salvación. En otras palabras, para salvarse, hay que creer que Jesucristo es el Señor. C ✓ F__

El tetragrámaton "YHVH", o sea, las cuatro letras que identifican al único Dios llamado "Yo Soy", es compartido como un solo nombre por el Padre, Hijo y Espíritu Santo. (Éxodo 3:14) C ✓ F__

Jesús se identificó a si mismo como YHVH: *"Jesús dijo: Si no creéis que yo soy, en vuestros pecados moriréis"*. (Juan 8:56-59) C _✓_ F__

Jesús repitió en diversas ocasiones el nombre de Dios aplicado sobre su persona. (Mateo 14:27, Mateo 16:15, Mateo 24:5, Marcos 6:50, Juan 4:26, Juan 6:20, Juan 6:35, Juan 8:12, Juan 9:9, Juan 10:9, Juan 10:11, Juan 10:14, Juan 11:25, Juan 13:19, Juan 14:6, Juan 14:10, Juan 15:1, Juan 15:5, Juan 18:5, Juan 18:6, Juan 9:5) C _✓_ F__

Los TDJ firman que el nombre de Dios es Jehová, pero disminuyen a Cristo a un ser inferior en deidad al Padre. C _✓_ F__

Afirman que Cristo pagó el precio de nuestro rescate pero hacen diferencia en los que se salvan. Unos van al cielo y otros se quedan en la tierra. C _✓_ F__

Son muchos los miembros y líderes de la secta TDJ que no tienen la esperanza de ir al cielo en la eternidad. C _✓_ F__

Afirman que la Biblia es sin error, pero no cualquier Biblia sino la versión que ellos han trastocado. C _✓_ F__

Afirman que el destino de Lucifer y sus seguidores es ser aniquilados y dejarán de existir. C ✓ F__

Se enfocan en la "tierra nueva" y no el cielo como herencia. C ✓ F__

Afirman que Cristo fue resucitado como un "espíritu divino" y no como el hombre de carne y hueso. C ✓ F__

Afirman que el alma del hombre no es inmortal sino mortal. C ✓ F__

Afirman que los animales tienen alma. C ✓ F__

Afirman que el sepulcro es el infierno y que no existe un infierno luego de esta vida. C ✓ F__

Jesús dijo: *"dad, pues, a César lo que es de César, y a Dios lo que es de Dios".* (Mateo 22:21) C ✓ F__

Los TDJ afirman que ser leal al gobierno es rechazar a Dios. C ✓ F__

Afirman que Cristo tuvo tres etapas: Siendo el arcángel Miguel (desde la alegada creación de Cristo hasta su nacimiento como hombre), Jesús como hombre perfecto (no era Dios), luego de la resurrección vino a ser el arcángel Miguel nuevamente. C ✓ F__

Los TDJ afirman que Jesús fue creado y cambian el texto de Juan 1:1   C ✓ F__

Afirman que Cristo no era Dios-hombre, sino solo hombre.   C ✓ F__

Afirman que Jesús recibió inmortalidad en el momento de su resurrección. C ✓ F__

La traducción diferente del "Nuevo Mundo" cambia el texto y pone al Espíritu Santo en letras minúsculas ("espíritu santo"). C ✓ F__

El libro de Isaías en su profecía anuncia que al Cristo se le llamaría "Dios fuerte". (Isaías 9:6) C ✓ F__

El libro de Isaías en su profecía anuncia que al Cristo se le llamaría "Padre eterno". (Isaías 9:6) C ✓ F__

Afirman que el Espíritu Santo es una fuerza y no una persona que habla, ama, se enoja, y todo lo que distingue a Dios. C ✓ F__

Líderes de los TDJ afirman conocer la fecha exacta de la creación del hombre, el 4026 a. C. C ✓ F__

Los TDJ afirman que luego de la muerte del cuerpo no hay existencia consciente. C ✓ F__

Hacen creer que para salvarse es requisito participar de la sociedad Atalaya. C ✓ F__

Predican que solo pueden nacer de nuevo 144,000 que irán al cielo. Los que permanecen en la tierra no necesitan el nuevo nacimiento según sus doctrinas. C ✓ F__

Afirman que el 1 de octubre de 1914 es la fecha que marca el comienzo donde Jesús empezó a tomar el control de la tierra después de expulsar a Satanás de los cielos. Para ellos, este fue el principio del "Reino de Dios". C ✓ F__

Los TDJ afirman que en 1918 ocurrió la "Primera resurrección" de los 144,000 para apoyar a Jesús a vencer al diablo. C ✓ F__

Líderes de los TDJ afirmaron que en 1925 marcó el regreso de Abraham, Isaac, y Jacob a la tierra. C ✓ F__

Los TDJ profetizaron falsamente que en 1975 tendría lugar la segunda venida de Cristo. Al fallar la predicción se excusaron de la misma manera que habían hecho en el pasado con sus decenas de profecías falsas. C ✓ F__

Los TDJ afirman que el don de "hablar en lenguas" fue solo para el primer siglo. C ✓ F__

Los TDJ no participan en actividades nacionales. C ✓ F__

Los TDJ rechazan las transfusiones de sangre. C ✓ F__

La Biblia del Nuevo Mundo cambia en su traducción la palabra "adorar" por "rindieron homenaje" a Cristo. C ✓ F__

La palabra griega que se traduce "adorar" está usada en el Nuevo Testamento 50 veces y viene de la misma palabra usada en referencia de rendir culto a Dios Padre. En cambio, la versión de los TDJ no lo traduce así. (Apocalipsis7:11, 11:16, 19:14). C ✓ F__

Tomás se refirió a Cristo como "Señor y Dios". C ✓ F__

Luego de resucitar, Jesús se presentó en carne y hueso ante sus discípulos. (Lucas 24:36-39). C ✓ F __

Los TDJ niegan el que Jesucristo resucitara corporalmente, sino solo en espíritu. C ✓ F __

Tanto la ascensión de Cristo así como su futura venida serán visibles según Hechos 1:9-11. C ✓ F __

Algunos de los versículos mal traducidos de la versión del Nuevo Mundo y que cambian el sentido de la Biblia son: Juan 1:1, Juan 8:58, Colosenses 1:15, Colosenses 1:16-20, Tito 2:13, Apocalipsis 3:14. C ✓ F __

La "versión del Nuevo Mundo" no se hizo basándose en los textos originales de la Biblia. C ✓ F __

Los "traductores" de la "versión del Nuevo Mundo de las Sagradas Escrituras" desconocían los idiomas bíblicos originales. C ✓ F __

La manera de adoctrinar que usan los Testigos de Jehová no se basa en un estudio profundo de lo que dice la Biblia sino que de primera intención se dirige a la versión ya trastocada de la Biblia llamada "Nuevo Mundo". De la misma manera tratan de desviar la atención hacia sus revistas que ya han sido trabajadas por aquellos que siguen la versión del Nuevo Mundo. C ✓ F__

Los TDJ afirman que su Biblia es igual y similar a las nuestras, sin embargo tuercen y cambian muchos pasajes claves de la Biblia como: Juan 1:1-4, Hechos 20:28, 2ª Pedro 1:1, Hebreos 1:8-9; 9:14; 11:16, Romanos 9:5; 10:9; 10:13; 14:6-9, Colosenses 1:15-20; 2:9, 1ª Corintios 12:10; 15:37, Filipenses 1:21-24; 2:6, 2ª Corintios 4:4; 5:1; 5:9, 1ª Timoteo 3:16; 4:1, 1ª Pedro 1:11, Tito 2:13, Éxodo 3:14, Isaías 43:10; 65:16, Génesis 1:2, Miqueas 5:2-4, Marcos 15:13, Juan 1:4; 1:14; 5:23; 7:29; 8:58; 9:38; 10:33; 10:38; 14:9-11; 19:6; 19:15, Filipenses 1:21-24; 2:6, Colosenses 1:15-20; 2:9, Salmo 23:1; 23:6; 110:4, Romanos 9:5; 10:9; 10:13; 14:6-9, Mateo 2:11; 10:28; 13:42; 25:46; 28:17, Zacarías 11:11-13; 12:10, Lucas 23:21; 23:43, Eclesiastés 3:17, Apocalipsis 16:13, 1ª Juan 4:1; 5:20-21. C ✓ F__

Russel dijo: *"los seis tomos de los estudios de las Escrituras constituyen prácticamente la Biblia. No son únicamente un comentario acerca de ella, sino que son la propia Biblia... No se puede descubrir el plan divino tan solo estudiando la Biblia"*. C ✓ F__

La Biblia no habla de una personificación ni de un recurso literario cuando se refiere a la persona del Espíritu Santo. Se nos dice que él: Ama (Romanos

15:30), Tiene vida (Apocalipsis 22:17), Se entristece (Efesios 4:20), Intercede (Romanos 8:26, 27), Habla (Hechos 8:29), Da órdenes (Hechos 16:6,7; 13:2), Tiene voluntad (1 Corintios 12:11), Puede ser resistido (Hechos 7:51). C ✓ F___

Según Juan 14:1-3; 17:24; 1 Corintios 15:51,52; Apocalipsis 3:21 Dios no tiene grupos favoritos para ir al cielo. C ✓ F___

Tanto al Padre como al Hijo se les llamó "Yo soy" (YHVH). Éxodos 3:14-15 y Juan 8:57-59. C ✓ F___

En Zacarías capítulo 12 y verso 10 se dice claramente que Dios el Padre es una morada mutua con Dios el Hijo, cuando dice: "y mirarán a mí a quien traspasaron, y llorarán como se llora por hijo unigénito". C ✓ F___

En la Biblia el nombre de Jehová es compartido por la morada mutua del Padre, Hijo y Espíritu Santo. (Jeremías 23:6) C ✓ F___

Según Juan 8:19, para conocer al Padre basta conocer a Cristo.   C ✓ F___

En Hebreos 1:8 al Hijo se le llama Dios. C ✓ F___

El Salmo 45:6 es una profecía de Cristo, a quien se le llama Dios.   C _✓_ F__

Los únicos casos en que la versión del Nuevo Mundo traduce con "d" minúscula la palabra "Dios" son aquellos en los que "Dios" se refiere a Cristo, pero no aplican la misma regla en cuanto al Padre. C _✓_ F__

La Biblia llama Dios y Hombre a Cristo ya que el Verbo fue hecho carne.   C _✓_ F__

Según Romanos 8:9, el Espíritu de Dios es el Espíritu de Cristo que viene a morar dentro de los salvos. C _✓_ F__

Apocalipsis 17:14 nos dice que Jesucristo es Rey de reyes y Señor de señores. C _✓_ F__

En Juan 11:25, Jesús se llama a si mismo "la resurrección". C _✓_ F__

En Apocalipsis 22:20 se nos dice claramente que Jesucristo es el que viene. C _✓_ F__

Según Mateo 3:3, Marcos 1:3, Lucas 3:4-6 al ser comparados con Isaías 40:3, Juan Bautista "prepararía el camino a Jehová", o sea que Juan le preparó el camino a Cristo, quien es una morada en deidad junto con el Padre. C _✓_ F__

La Biblia habla de un sólo salvador, a este salvador se le llama Jehová y se le llama Jesús, ya que son un único Dios. (Lucas 2:11, II Timoteo 1:10). C _✓_ F__

Filipenses 2:7 nos dice que Jesucristo antes de venir a la tierra era "en forma de Dios" "igual a Dios", y no se aferró a esa excusa de ser igual a Dios para poner algún pretexto para no venir a la tierra como un hombre. C _✓_ F__

Según Hechos 2:31-32 Cuando Cristo resucitó lo hizo en alma y cuerpo. Su cuerpo se vistió de incorrupción. C _✓_ F__

El aspecto de la resurrección de nuestros cuerpos es que nuestra carne corruptible se viste de incorrupción y no se trata de que Dios nos da otro cuerpo diferente o materializado sino que nuestro propio cuerpo es el que será transformado por Dios (1 Corintios 15:50-53). C _✓_ F__

Cuando la Biblia dice: *"... la carne y la sangre no pueden heredar el reino de Dios, ni la corrupción hereda la incorrupción".* (I Corintios 15:50) Nos está diciendo que la naturaleza humana contaminada no puede por si sola encontrar el camino al reino de Dios por su incapacidad y falta de santidad, sin embargo, apareció en escena Jesucristo quien vino a deshacer las obras del diablo y vino a redimir nuestro, espíritu, alma y cuerpo. (Isaías 1:18) C ✓ F__

Cuando Jesucristo ejecutó la resurrección de entre los muertos sobre la gente, estos se levantaron con sus cuerpos y no en espíritu solamente. (Juan 11:43-44; Mateo 9:25; Lucas 7:14-15). C ✓ F__

Jesucristo nos promete hacernos resucitar de la misma manera que él lo hizo. (Romanos 8:11). C ✓ F__

La secta de los Testigos de Jehová afirmó que los fieles del Antiguo Testamento serían resucitados, volverían a la tierra a hacerse cargo de los asuntos visibles de la tierra en 1914, 1915, 1918, 1925. C ✓ F__

A pesar del esmerado intento de los traductores de la Biblia de los TDJ de negar la deidad de Cristo, aún en su traducción del Nuevo Mundo usan un pasaje del Nuevo Testamento que se refiere a Cristo y lo llaman "Señor" (I Pedro 2:3) I Pedro 2:3 es una cita del Salmo 34:8 donde dice: "Gusten y vean que Jehová es bueno...". C ✓ F__

Filipenses 2:9 nos dice que el nombre de Cristo es sobre todo nombre, lo que indica que el nombre del único Dios es compartido por el Padre, Hijo y Espíritu Santo. C ✓ F__

En la Biblia, cuando Esteban fue apedreado oró a Jesucristo, sin embargo, los Testigos de Jehová no oran a Cristo y lo prohíben. C ✓ F__

En la versión del Nuevo Mundo de los TDJ existen omisiones de palabras en su "traducción". C ✓ F__

En la Biblia existe una maldición para todo aquel que le añada o le quite a las Sagradas Escrituras. C ✓ F__

En la versión del Nuevo Mundo de los TDJ existen inserciones de palabras no inspiradas. C ✓ F__

En la versión del Nuevo Mundo de los TDJ no se usan corchetes "[ ]" para identificar lo que dice Dios en la Biblia y lo que dicen los "traductores" que de hecho desconocían el griego. C ✓ F__

En la versión del Nuevo Mundo de los TDJ muestra inconsistencia a conveniencia cuando se trata de traducir la palabra "adoración". La traducen "homenaje" cuando se refiere a Cristo y "adoración" cuando se refiere al Padre. Compare   Mateo 2:2;

Apocalipsis 22:8 y Apocalipsis 19:10, Juan 9:38, Marc. 5:6, Hebreos 11:21. C ✓ F__

En las vastas traducciones de la Biblia se traduce Juan 1:1 refiriéndose a Cristo como "Dios", pero en la torcida versión del "Nuevo Mundo" se traduce "era un dios", restándole la deidad a Cristo. C ✓ F__

Los TDJ utilizan la alegación de que su traducción diferente del verso de Juan 1:1 concuerda con la versión del ex-católico Johannes Greber. Sin embargo, afirmaron en su revista en Inglés El Atalaya [de Febrero 15 de 1956, p. 111, The Watchtower] que Greber estuvo envuelto en espiritismo y su traducción provenía de los demonios. C ✓ F__

En la versión del Nuevo Mundo de los TDJ no se obedece la "Regla Gramatical del Griego Grandville Sharp". De esta manera no reconoce que a Jesucristo se le llama "Gran Dios y Salvador" en Tito 2:13. C ✓ F__

La posición cristiana sobre la trinidad es que el Padre, Hijo y Espíritu Santo son tres personas diferentes pero que tienen una morada mutua en deidad. No es que el Padre sea el Hijo ni que el Hijo sea el Espíritu, sino que estos tres son uno, tal y como dice I Juan 5:7. C ✓ F__

Romanos 10:9-13 nos dice que Jesucristo es el Señor y que hay salvación para el que le invoca (llamar, y clamar). Los TDJ no claman a Cristo. C ✓ F__

Hechos 16:31 dice: "Cree en el Señor Jesucristo y serás salvo". Pero en la versión Atalaya cambia el texto. C ✓ F__

Hechos 10:41-43 nos dice que por medio de Cristo tenemos el perdón. C ✓ F__

Colosenses 1:15 es el texto que usan los Testigos de Jehová para afirmar que Jesucristo como "primogénito" es ["primer creado"]. La palabra sería "protoktistos", de [proto], "primero" y [ktizo], "crear". Sin embargo, en Colosences no se usa "protoktistos", sino "prototokos" que significa "Preeminencia" (el primero de una familia). C ✓ F__

Es en el nombre del Hijo de Dios que se encuentra la vida. (I Juan 5:12-13). C ✓ F__

Hechos 10:34-43 nos dice que Cornelio puso su fe en Jesús. Lo mismo debemos hacer nosotros. C ✓ F__

Pablo al convertirse, predicaba a Cristo. Es Cristo el centro de la predicación y no otro. C _✓_ F__

El mensaje del evangelio se centra en el crucificado en todas sus predicaciones. (I Corintios 2:2, I Corintios 2:8) C _✓_ F__

Según Juan 17:1 el Padre glorifica al Hijo y el Hijo al Padre. C _✓_ F__

En Lucas 24:39, el Jesús resucitado afirmó tener carne y hueso y no ser un mero espíritu. C _✓_ F__

Juan 4:10 nos dice que es a Jesús a quien debemos pedirle el agua de vida y a ningún otro. C _✓_ F__

La realidad de los Testigos de Jehová de cambiar doctrinas, cambiar fechas al fallar sus predicciones así como el nebuloso trasfondo de Charles Taze Rusell son un indicio claro de una secta a la cual no debemos entregar la dirección de nuestra fe religiosa. C _✓_ F__

Discrepancias e inexactitud similares siguen ocurriendo dentro de esa secta hoy día, pero ellos buscan la manera de mantener la fidelidad de sus miembros. C _✓_ F__

Los eruditos hebreos están más a favor de la pronunciación "Yahweh" en vez de "Jehová" ya que ésta última adquirió popularidad en el siglo XIV. Como ellos mismos admiten, el primer uso registrado de esta forma "Jehová" data desde el siglo XIII cuando Raymundus Martini, un monje Español de la Orden Dominicana, lo usó en su libro *Pugeo Fidei* en 1270. C ✓ F__

La salvación de la que habla la Biblia es una salvación instantánea que ocurre cuando una persona se arrepiente de sus pecados y deposita la fe en Jesucristo. Desde ese momento en adelante es salvo y solo le resta mantenerse firme y fiel a Dios hasta que parta de este mundo. C ✓ F__

La salvación de la que habla la Biblia no es el resultado de esfuerzo humano para alcanzar el cielo sino de un fruto dado por Dios a todos los que se arrepienten con sinceridad. En realidad la salvación es un regalo al que cree que Jesucristo es el Señor. C ✓ F__

Una persona que ha sido lavada por la sangre de Cristo, ha sido justificada en los cielos y tiene la garantía de la vida eterna si persevera hasta el fin en lo recibido. C ✓ F__

El simple hecho de creer en Cristo es suficiente para ser salvo de la misma manera que lo fue el ladrón arrepentido junto a la cruz de Cristo en el Calvario. C ✓ F__

Jesús es el suficiente salvador nuestro. C ✓ F __

La Biblia nos enseña a clamar a Jesús. Juan 5:39,40; Juan 4:10; Hechos 9:14-21; Romanos 10:12; Romanos 10:14; 1 Corintios 1:2; 2 Timoteo 2:22. C ✓ F __

Los testigos de Jehová se enfocan en Jehová reduciendo a Cristo de forma parecida a los judaizantes. C ✓ F __

Las "buenas obras" de las que hablan los Testigos de Jehová son para ellos diseminar su literatura, ir a sus reuniones, y ser miembros exclusivos de su organización. En otras palabras, las "buenas obras" de las que ellos hablan es de difundir la literatura con las ideas de Charles Taze Rusell. C ✓ F __

Lucas 8:21 nos dice que la familia de Cristo la componen los que oyen y obedecen a Dios. Esto es muy diferente a seguir las ideas distorsionadas de personas que tuercen la Biblia. C ✓ F __

Hebreos 1:3 nos habla de la deidad de Cristo. C ✓ F __

Jesús es adorado en la Biblia. Mateo 14:33, Mateo 28:9, Hebreos 1:6. C ✓ F __

Clayton J. Woodworth y George H. Fisher escribieron el libro de los Testigos de Jehová titulado "El Misterio Terminado" (*The Finished Mystery*)[séptimo volúmen]. En ese libro basaron sus enseñanzas en las "doctrinas" de Russell. C ✓ F__

Los Testigos de Jehová llaman a Rusell "el mensajero especial a la última Era de la Iglesia". C ✓ F__

Para los Testigos de Jehová Charles Taze Russell fue el mensajero de la Iglesia en Laodicea. C ✓ F__

Los Testigos de Jehová afirman sobre Rusell: "jamás intoxicó con error a los que tomaron de su corriente de aguas vivas de la Fuente de toda Verdad, la Palabra de nuestro Padre". (Pág. 326-327) [edición de 1917 de Estudios en las Escrituras (Studies in the Scriptures), serie VII, El Misterio Terminado (The Finished Mystery)]. C ✓ F__

Rusell creía que después de la resurrección Cristo vino a ser Todopoderoso, sin embargo, los Testigos de Jehová de hoy no creen que Cristo es el Todopoderoso. C ✓ F__

Los Testigos de Jehová en sus escritos elevan a Charles Taze Rusell a puestos de eminencia junto con Cristo, David o los profetas de Dios. C ✓ F__

Rusell dijo que las ovejas a cuidar durante el milenio serán 20.736.000.000. C _✓_ F__

Rusell pretendía conocer no solo el número de la humanidad sino también el número de los ángeles del cielo. C _✓_ F__

Según los Testigos de Jehová los siete ángeles (Mensajeros) de las siete iglesias que están en Asia mencionados en Apocalipsis capítulo 2 y 3 son: 1) Pablo 2) Juan 3) Arius 4) Peter Waldo 5) John Wycliffe 6) Martín Lutero 7) Charles Taze Rusell. C _✓_ F__

Los Testigos de Jehová a veces contradicen o ignoran lo que Rusell enseñó. C _✓_ F__

En los escritos de los Testigos de Jehová se afirma que Charles Taze Rusell fue un mensajero de Dios de gran eminencia. C _✓_ F__

Rusell afirmó que la "Grán pirámide de Egipto" es uno de los testigos de Dios. [volumen dos de Estudios en las Escrituras -El Tiempo está Cerca (Studies in the Scriptures — The Time is at Hand).][Vol 2, Edición 1908, pág. 366] C _✓_ F__

Los cristianos sabemos que los que veneran las pirámides son los ocultistas, satanistas, "iluminados", y religiones oscuras que adoran al sol. C ✓ F__

Para los seguidores de Rusell, los siete truenos de Apocalipsis 10:3 son los siete volúmenes de sus "Estudios en las Escrituras". C ✓ F__

Juan 14:28 nos dice que el Padre es mayor que Cristo. Esto lo dijo Jesús al venir como un hombre. El Padre no se hizo hombre. C ✓ F__

Aunque el Padre es mayor en posición al Hijo, son iguales en naturaleza y deidad. C ✓ F__

I Corintios 11:3 nos dice que Dios es la cabeza de Cristo. Claramente nos está diciendo que en la posición de Hijo, el Padre es mayor, pero en la naturaleza de deidad permanece igual e inalterable. C ✓ F__

La relación de Cristo el Hijo de Dios y su Padre es de sujeción, sin embargo, el Padre y el Hijo son iguales en naturaleza divina. C ✓ F__

Marcos 13:32 nos dice que el Hijo de Dios siendo hombre afirmó que solo el Padre y no él quien sabía la hora del regreso. Sin embargo, luego de la resurrección Cristo dice: *"He aquí yo vengo pronto..."* C ✓ F__

En Lucas 18:19 Jesús le pregunta a un hombre sobre las características de bondad de Dios. Características que él mismo reflejaba y quería hacerle ver a aquel hombre que el que estaba frente a él era Dios. El hombre reconoció que Jesús era bueno y Jesús reconoció que Dios es bueno. En otras palabras, Jesús es Dios. C ✓ F__

En Apocalipsis 3:14 se nos dice que "Jesús es el principio ["ARCHE" en Griego que significa ORIGEN] de la creación de Dios". C ✓ F__

"Origen" y "Fuente" es lo mismo según el griego. C ✓ F__

En la Biblia Cristo es llamado "Hijo de Dios", pero no "Dios el Hijo". De la misma forma Cristo es llamado Pastor y también Cordero. Eso significa que no dejó de ser pastor siendo el Cordero y no deja de ser Dios siendo el Hijo de Dios. (Isaías 9:6, Hebreos 1:8) C ✓ F__

El título "Hijo de Dios", envuelve el reconocer su deidad y no un hijo más. Así lo entendieron los judíos ante las palabras de Jesús y se encendieron en furia contra él al entender que "Cristo se hacía igual a Dios". (Marcos 14:61-63) C ✓ F__

Cuando los judíos deciden crucificar al Cristo lo hacen porque piensan que Jesús reclamó ser divino igual a Dios cuando afirma ser el Hijo del Bendito.(Marcos 14:61-63) C ✓ F__

Jesús le oraba al Padre ya que son personas diferentes. Jesús no se oraba a si mismo. C ✓ F__

Jesús tiene una relación de amor puro hacia el Padre. C ✓ F__

Cuando Jesús ora hacia el Padre, esto le resta deidad o divinidad. C___ F ✓

Cuando Jesús murió en la cruz, el Padre siguió reinando mientras Cristo estuvo tres días y tres noches en las partes más bajas de la tierra. C ✓ F__

Jesús fue la muerte de la muerte. C ✓ F__

Jesús es el que estuvo muerto y vivió. C ✓ F__

Juan 20:17 nos dice que Jesús tenía al Padre como su Dios. De la misma manera el Padre tiene a Cristo como Dios. (Hebreos 1:8) El que el uno al otro se llamen "Dios" no significa que el uno o el otro sea inferior en deidad sino iguales. C ✓ F__

La Sociedad Atalaya proclama que el Armagedón vendrá a 6,000 años después de la fecha de creación de Eva, pero afirman no saber el día de la creación de

Eva hoy. Sin embargo, antes de 1975 afirmaban conocer el día de la creación de Eva y hasta pusieron fechas para el Armagedón. Muchas gentes vendieron sus casas y propiedades para luego darse cuenta que fueron engañados. C ✓ F__

A pesar de las falsas profecías de los Testigos de Jehová, todavía los miembros siguen avalando sus incongruencias. C ✓ F__

La sociedad Atalaya y todos sus líderes no pasan la "prueba del profeta" de Deuteronomio 18:20-22. C ✓ F__

Mateo 28:18 nos dice que toda la autoridad en el cielo la tiene Cristo. C ✓ F__

Saulo de Tarso luego de convertirse predicaba a Jesucristo enseguida. C ✓ F__

Los TDJ muestran gran carisma hacia las personas que visitan sus lugares de reunión y pertenecen a su secta. C ✓ F__

Los TDJ pueden comprobar por si mismos las contradicciones de las doctrinas de su secta si investigaran los libros antiguos que sus líderes escribieron en años como el 1918 y que ya no editan. Para aquel entonces afirmaban que esos escritos eran inspirados. C ✓ F__

Los TDJ afirman que no se puede entender la Biblia si no se deja guiar por los libros de la "Torre" (Atalaya, 15 de septiembre de 1910) C ✓ F__

"Venid a mí todos los que estáis trabajados y cargados, y yo os haré descansar".

—Mateo 11:28

21

Un último llamado

Estimado amigo:

Este libro no se escribió con la meta de ofender ni ganar una discusión. El único valor que posee es conducirnos a la Biblia y a la Palabra de Dios. Es mi deseo que este libro sea de luz y no motivo de contienda. Que el último que gane sea Jesucristo y no otro.

La sencillez del evangelio

El evangelio no es tan complicado como las sectas lo pretenden presentar. Se nos dice:

"Buscad a Jehová mientras puede ser hallado, llamadle en tanto que está cercano." (Isaías 55:6)

Jehová (El Padre, Hijo y Espíritu Santo) no está lejos del clamor del hombre. Dice en Jeremías:

"Clama a mí, y yo te responderé, y te enseñaré cosas grandes y ocultas que tú no conoces." (Jeremías 33:3)

Dios desea que entres en comunión con él donde puedas conocer sus palabras para tu vida y puedas seguirle y obedecerle para que conozcas el propósito de Dios para tu vida. Por eso tenemos la Sagrada Biblia que Dios ha inspirado a sus siervos. De todos los grandes milagros que Dios ha hecho nos ha dado su Palabra escrita por hombres pero bajo la inspiración divina. Por medio de la Biblia, Dios le muestra al hombre el camino a la presencia de Dios. Desde los comienzos Dios ha deseado que todos nosotros podamos recibirle y entrar en acceso con él. No importa si le conoces o no, este es el momento para comenzar a hablar con Dios.

¿Qué necesitas para acercarte a Dios?

Necesitas fe. Pero sin fe es imposible agradar a Dios; porque es necesario que el que se acerca a Dios crea que le hay, y que es galardonador de los que le buscan. (Hebreos 11:6)

¿No puedes ponerte de rodillas y adorar o hablar con Dios?

En la Biblia encontramos el ejemplo de un hombre que necesitaba fe. Se nos dice:

"E inmediatamente el padre del muchacho clamó y dijo: Creo; ayuda mi incredulidad." (Marcos 9:24)

Pídele a Dios que te de fe. Ejercítate.

¿Cuán cerca está Dios para tí?

Dios está más cerca de nosotros de lo que podemos pensar. Se nos dice:

"Por tanto, teniendo un gran sumo sacerdote que traspasó los cielos, Jesús el Hijo de Dios, retengamos nuestra profesión. Porque no tenemos un sumo sacerdote que no pueda compadecerse de nuestras debilidades, sino uno que fue tentado en todo según nuestra semejanza, pero sin pecado. Acerquémonos, pues, confiadamente al trono de la gracia, para alcanzar misericordia y hallar gracia para el oportuno socorro." (Hebreos 4:14-16)

Jesucristo quien es todo Dios se acercó a los hombres tomando forma de siervo hace más de dos mil años. El es la imagen del Dios invisible y es el testimonio vivo de la presencia de Dios. A Dios nadie le ha visto pero se ha dado a conocer por medio del Hijo. Si alguna vez pensaste que Dios no se interesa por ti, piénsalo otra vez ya que Jesucristo vino en carne, sufrió nuestros dolores y padecimientos. El conoce todo sobre tu vida y te puede comprender a cabalidad. Tanto fue el amor del Padre hacia ti que ese Hijo de Dios que vino entre los hombres dio su vida en rescate por tu vida. Con su muerte en un madero crucificó juntamente el edicto de sentencia que enumeraba todas las razones para tu alejamiento de Dios. Ahora luego de su muerte esa sangre preciosa derramada en el Calvario es la que te lava de todas tus transgresiones y te permite acercarte a Dios.

Ese Dios no quedó en la tumba, sino que resucitó al tercer día según lo habían predicho los profetas. Por medio de esa resurrección sentó el modelo de la nueva vida que tiene preparada para ti. Una vida muy diferente a la vida que llevabas antes de conocerle y creer con fe. Dios desea moldear tu vida a la voluntad de su santificación de tal manera que no seamos esclavos del pecado para muerte sino llenos del Espíritu Santo para vida.

Toda una nueva vida está disponible para ti hoy. El camino está abierto, se llama Jesucristo. ¿Qué harás?

No te estoy hablando de una religión vacía de sinnúmero de ordenanzas y ritos, sino que te estoy hablando de un religar con Dios donde tú puedes tener acceso ahora mismo.

Si crees con fe ora en este momento. Derrama tu corazón ante Dios quien te ve en lo secreto.

"... tu Padre que ve en lo secreto te recompensará en público." (Mateo 6:18)

Dios te está esperando. ¿Lo dejarás para mañana? Corre a la presencia de Dios hoy.

"Y perseverando unánimes cada día en el templo, y partiendo el pan en las casas, comían juntos con alegría y sencillez de corazón, alabando a Dios, y teniendo favor con todo el pueblo. Y el Señor añadía cada día a la iglesia los que habían de ser salvos." (Hechos 2:46-47)

Es tiempo de tomar acción, ir en pos de Jesucristo, congregarse con los santos, tener comunión con Dios, crecer en la fe, ser edificado tanto personal como toda nuestra familia. El mejor momento es hoy. Espero que este libro sea una herramienta de luz y de dirección para bien de tu vida. ¡Dios te bendiga!

Bibliografía

"Conozca las marcas de las sectas" por Dave Bresse.

Martín, Walter. *The Kingdom of the Cults* (Minneapolis: Bethany House Publishers, 1985 rev.).

Rober J. Lifton. *The Future of Inmortality and Other Essays for a Nuclear Age ("El futuro de la inmortalidad y otros ensayos para una era nuclear")* (Nueva York, Basic Books, 1987)

Murphy, Ed. *The Hand book for Spiritual Warfare.* Thomas Nelson Publisher. 1992 Page 439

Starr Millar, Edith *"La oculta Teocracia" (Occult Theocrasy)* 1933

Blanca, Francisco. *El Texto Griego del N.T. y el Nuevo Mundo de las Sagradas Escrituras,* 1987

Cabral, J., *Religiones, sectas y herejías,* Ev Pag. 77-83, 156-158, 160-166.

Van Baalen, J.K., *Invasores de la Cristiandad,* CLIE Pag. 62-63.

¿Cuál camino? Luisa J. De Walker. Editorial Vida 1968. Miami Florida. Pág. 198-220.

Fernández Suárez, Domingo. *Los Falsos Testigos de Jehová.* Casa Bautista de Publicaciones; El Paso, 1985.

Enroth, Ronald. A Guide to Cults and New Religions. Intervarsity Press; Downers Grove, Illinois, 1983.

Robertson, Irvine. *¿Qué Creen Las Sectas?* Casa Bautista de Publicaciones; El Paso, 1993.

Danyans, Eugenio. *Proceso a la "biblia" de los Testigos de Jehová.* Editorial Clie; Barcelona, España, 1971.

Josh McDowell, Don Stewart. *Estudio de las sectas.* Editorial Vida.

Evangelical Outreach (Alcance Evangelístico) PO Box 265 Washington, PA 15301-0265, USA.

David Reed. *Respuestas Biblicas a los Testigos de Jehova.* Ed. VIDA, 1986

Gerald Wright, The JW's Bible, 1976

Robert M. Bowman,Jr. *"The New World Translation on Trial",* Christian Research Journal, Winter, 1989

Raymond Franz, *Crisis de Conciencia*. Ed. CLIE, 1993. pagina 57.

Bill and Joan Cetnar, *Questions For Jehovah's Witnesses who love the Truth*, 1983, pag. 7, Route 3, Weir Lake Road, Kunkletown, PA 18058. EE.UU.

Dr. Walter Martin. *Los Testigos de Jehova*. Ed. BETANIA, 1987. pagina 61-62;

"Is the President of Jehovah's Witnesses In the Truth", Personal Freedom Outreach, P.O. Box 26062 , St. Louis, MO. 63136

Dr. Julius Robert Mantey, *"A Grossly Misleading Translation"*

Ian Croft. *"The New World Translation of the Holy Scriptures"*. Bethel Ministries, Vol.7, Sept. 1988

"What Greek Scholars Really Think About the New World Translation", Help Jesus Ministry, Kelowna, B.C. Canada

La Nueva Encyclopedia Britannica, Macropaedia, Volumen 10. 15th Edition. *"Jehovah's Witnesses"* (pages 131-132).

Santa Biblia Versión Reina Valera 1960

Nelson, Wilton M.; Rojas Mayo, Juan *"Nuevo Diccionario Ilustrado de la Biblia"*. Editorial Caribe 1998.

Nueva Versión Internacional de la Biblia.

Versión *Biblia de las Américas*

Versión Castilian

Versión Biblia en lenguaje sencillo

Versión Reina Valera 1858

Versión Sagradas Escrituras 1569

Versión Nova Vulgata Latina

Versión Griego Moderno, Nuevo Testamento

*NOTA: Todas las citas bíblicas usadas en este libro pertenecen a la versión Reina Valera 1960.